中国史话

交通与交流系列

海上丝路史话

A Brief History of the Maritime Silk Road

杜　瑜 / 著

社会科学文献出版社
SOCIAL SCIENCES ACADEMIC PRESS (CHINA)

图书在版编目（CIP）数据

海上丝路史话/杜瑜著．—北京：社会科学文献出版社，2011.10（2014.8 重印）
（中国史话）
ISBN 978－7－5097－2372－2

Ⅰ．①海…　Ⅱ．①杜…　Ⅲ．①海上运输－丝绸之路－历史　Ⅳ．①K203

中国版本图书馆 CIP 数据核字（2011）第 111428 号

“十二五”国家重点出版规划项目

中国史话·交通与交流系列

海上丝路史话

著　　者／杜　瑜

出 版 人／谢寿光
出 版 者／社会科学文献出版社
地　　址／北京市西城区北三环中路甲 29 号院 3 号楼华龙大厦
邮政编码／100029

责任部门／人文分社（010）59367215
电子信箱／renwen@ ssap. cn
责任编辑／孙以年
责任校对／高　芬
责任印制／岳　阳
经　　销／社会科学文献出版社市场营销中心
（010）59367081　59367089
读者服务／读者服务中心（010）59367028

印　　装／北京画中画印刷有限公司
开　　本／889mm×1194mm　1/32　印张／6.625
版　　次／2011 年 10 月第 1 版　字数／131 千字
印　　次／2014 年 8 月第 2 次印刷
书　　号／ISBN 978－7－5097－2372－2
定　　价／15.00 元

总 序

中国是一个有着悠久文化历史的古老国度，从传说中的三皇五帝到中华人民共和国的建立，生活在这片土地上的人们从来都没有停止过探寻、创造的脚步。长沙马王堆出土的轻若烟雾、薄如蝉翼的素纱衣向世人昭示着古人在丝绸纺织、制作方面所达到的高度；敦煌莫高窟近五百个洞窟中的两千多尊彩塑雕像和大量的彩绘壁画又向世人显示了古人在雕塑和绘画方面所取得的成绩；还有青铜器、唐三彩、园林建筑、宫殿建筑，以及书法、诗歌、茶道、中医等物质与非物质文化遗产，它们无不向世人展示了中华五千年文化的灿烂与辉煌，展示了中国这一古老国度的魅力与绚烂。这是一份宝贵的遗产，值得我们每一位炎黄子孙珍视。

历史不会永远眷顾任何一个民族或一个国家，当世界进入近代之时，曾经一千多年雄踞世界发展高峰的古老中国，从巅峰跌落。1840 年鸦片战争的炮声打破了清帝国“天朝上国”的迷梦，从此中国沦为被列强宰割的羔羊。一个个不平等条约的签订，不仅使中国大量的白银外流，更使中国的领土一步步被列强侵占，国库亏空，民不聊生。东方古国曾经拥有的辉煌，也随着西方列强坚船利炮的轰击而烟消云散，中国一步步堕入了半殖民地的深渊。不甘屈服的中国人民也由此开始了救国救民、富国图强的抗争之路。从洋务运动到维新变法，从太平天国到辛亥革命，从五四运动到中国共产党领导的新民主主义革命，中国人民屡败屡战，终于认识到了“只有社会主义才能救中国，只有社会主义才能发展中国”这一道理。中国共产党领导中国人民推倒三座大山，建立了新中国，从此饱受屈辱与蹂躏的中国人民站起来了。古老的中国焕发出新的生机与活力，摆脱了任人宰割与欺侮的历史，屹立于世界民族之林。每一位中华儿女应当了解中华民族数千年的文明史，也应当牢记鸦片战争以来一百多年民族屈辱的历史。

当我们步入全球化大潮的21世纪，信息技术革命迅猛发展，地区之间的交流壁垒被互联网之类的新兴交流工具所打破，世界的多元性展示在世人面前。世界上任何一个区域都不可避免地存在着两种以上文化的交汇与碰撞，但不可否认的是，近些年来，随着市场经济的大潮，西方文化扑面而来，有些人唯西方为时尚，把民族的传统丢在一边。大批年轻人甚至比西方人还热衷于圣诞节、情人节与洋快餐，对我国各民族的重大节日以及中国历史的基本知识却茫然无知，这是中华民族实现复兴大业中的重大忧患。

中国之所以为中国，中华民族之所以历数千年而不分离，根基就在于五千年来一脉相传的中华文明。如果丢弃了千百年来一脉相承的文化，任凭外来文化随意浸染，很难设想13亿中国人到哪里去寻找民族向心力和凝聚力。在推进社会主义现代化、实现民族复兴的伟大事业中，大力弘扬优秀的中华民族文化和民族精神，弘扬中华文化的爱国主义传统和民族自尊意识，在建设中国特色社会主义的进程中，构建具有中国特色的文化价值体系，光大中华民族的优秀传统文化是一件任重而道远的事业。

当前，我国进入了经济体制深刻变革、社会结构深刻变动、利益格局深刻调整、思想观念深刻变化的新的历史时期。面对新的历史任务和来自各方的新挑战，全党和全国人民都需要学习和把握社会主义核心价值体系，进一步形成全社会共同的理想信念和道德规范，打牢全党全国各族人民团结奋斗的思想道德基础，形成全民族奋发向上的精神力量，这是我们建设社会主义和谐社会的思想保证。中国社会科学院作为国家社会科学研究的机构，有责任为此作出贡献。我们在编写出版《中华文明史话》与《百年中国史话》的基础上，组织院内外各研究领域的专家，融合近年来的最新研究，编辑出版大型历史知识系列丛书——《中国史话》，其目的就在于为广大人民群众尤其是青少年提供一套较为完整、准确地介绍中国历史和传统文化的普及类系列丛书，从而使生活在信息时代的人们尤其是青少年能够了解自己祖先的历史，在东西南北文化的交流中由知己到知彼，善于取人之长补己之短，在中国与世界各国愈来愈深的文化交融中，保持自己的本色与特色，将中华民族自强不息、厚德载物的精神永远发扬下去。

《中国史话》系列丛书首批计200种，每种10万字左右，主要从政治、经济、文化、军事、哲学、艺术、科技、饮食、服饰、交通、建筑等各个方面介绍了从古至今数千年来中华文明发展和变迁的历史。这些历史不仅展现了中华五千年文化的辉煌，展现了先民的智慧与创造精神，而且展现了中国人民的不屈与抗争精神。我们衷心地希望这套普及历史知识的丛书对广大人民群众进一步了解中华民族的优秀文化传统，增强民族自尊心和自豪感发挥应有的作用，鼓舞广大人民群众特别是新一代的劳动者和建设者在建设中国特色社会主义的道路上不断阔步前进，为我们祖国美好的未来贡献更大的力量。

陈奎元

2011年4月

⊙杜　瑜

作者小传

杜瑜，生于1941年10月，祖籍江苏江都市，出生于上海市；1965年毕业于复旦大学历史系历史地理专业，师承谭其骧教授。毕业后一直在中国社会科学院历史研究所历史地理室工作，现为研究员。参加过《中国历史地图集》、《中国史稿地图集》、《国家大地图集·城市图·战争图》等的编绘工作，与同仁合编过《中国历史地理学论著索引》、《中国历史地名大辞典》等工具书，独著有《中国经济重心南移——唐宋间经济发展的地区差异》、《中国人人格地图》等，发表了数十篇历史地理专业论文。

目 录

引　言

我国地处世界最大的欧亚大陆的东方，面对世界最大的海洋——太平洋，海岸线长达 1.8 万公里，海域辽阔，群岛环列，沿海港口林立。从远古到 18 世纪，我国航海事业一直处于世界先进地位。早在殷商时期即已扬帆远航，不仅沿海岸能到达朝鲜、日本，而且很有可能顺着海流已漂到了拉丁美洲的墨西哥。两汉时，已开辟了对印度洋的远洋航路，直至大秦（即罗马帝国）东部（红海西北角）。唐宋以后即已到达非洲桑给巴尔海岸进行直接贸易交往。中华民族在世界航海民族行列中无愧为最优秀的航海民族之一。

我国的丝绸历来在世界各地享有盛誉，从汉至唐，陆上丝绸之路促进了东西方经济文化交流；从唐代中叶以后，海上丝绸之路逐渐成为东西方交往的主要通道。同时我国的陶瓷也成为世界各国人民向往的珍贵物品，而国外的香料、象牙、犀角等贵重物品也成为中国统治者的必需品。所以宋元时期海上丝绸之路出现了空前的繁荣，人们又把这条海上丝路称作“陶瓷之路”，或“香瓷之路”、“香丝之路”。

这条海上丝路是联结我国与亚非各国的纽带，这是一条友好之路、文明之路。它增强了各国人民间的友好往来，使之互通有无，平等互利，为世界文明的交流和发展作出了不可磨灭的贡献。只是到了近代才为西方殖民主义者所破坏，他们武装侵略，野蛮掠夺，致使这条“千年通有无，万里扬中华”的友谊彩桥中断了。

今天世界各国人民依然怀念它，联合国教科文组织重视它，纷纷重新扬起风帆，不远万里来到中国。我国也乘着改革开放的东风，远航世界各国，使这条古老的文明之路重放异彩，把友谊的花朵撒遍全球，让世界充满着爱。

一 先秦时期海上交通状况

1 最早的航海活动

我国位于亚洲东部，濒临太平洋西岸，东部和南部有着1.8万余公里漫长的海岸线。根据我国古代文献记载，我们的祖先很早就已发明了造船。古书《世本》中记载：“古者观落叶因以为舟。”《淮南子》中则认为：“见窾（音 kuǎn）木浮而为舟。”《物原》则记有传说中的：“燧人氏以匏济水，伏羲氏始乘桴。”“匏”就是葫芦，“桴”就是渡水用的筏。由此可知人们最早从落叶或枯木浮于水面，受到启发而发明造船，在造船之前曾用葫芦和筏来渡水。至于是谁最先造出第一艘独木船，古籍中众说不一，实际上早在新旧石器交替时期就已开始制作独木舟了，这比传说中的黄帝时代早得多。

我国迄今尚未发现石器时代完整的独木船。但在浙江余姚县河姆渡村新石器遗址中出土了几把雕花木桨，经碳14测定，绝对年代相当于7000年前。而如此精细的木桨绝非最原始的。由此推断原始木桨应当更早些，可能距今 8000 年或更早一些。进而推之，有桨必有舟，那么独木舟可能在此以前即已出现。同时还采集到一件舟形陶器，可能是仿独木舟的陶制品；此外在陕西宝鸡市新石器遗址中发现一件彩陶舟形壶；在湖北宜都县红花套新石器遗址中出土一件仿方头方尾式独木舟的陶器，距今约 5775 ± 120 年。这些实物充分证明新石器时代已有独木船，并可能已开始在沿海或邻近岛屿间作短距离的航行。

从考古文化遗存来看，源于山东的龙山文化早在距今六七千年左右，先民们即已从山东半岛经庙岛群岛漂过黄海和渤海，将龙山文化的器物和民俗传播到辽东半岛。据林惠祥先生对有段石锛的考证，源于我国东南沿海的有段石锛在台湾北部有不少发现。根据当时的航行工具和航海技术，人们还不太可能直接横渡台湾海峡，很可能是被大风或海流从闽粤沿海漂航过去的。据中外学者研究，这种有段石锛传到台湾后又继续传往菲律宾，然后再从菲律宾传往苏拉威西、北婆罗洲以至波利尼西亚群岛等地 。

到了夏代即已具备建造木板船的生产条件。《物原》记载：“夏禹作舵，加以篷、碇、帆、樯。”这虽不能完全可信，但从甲骨文卜辞中已有“凡”字即为帆来看，帆约出现于夏、商之交。据汉代人所记，商末周初时，曾有商的王族箕子出走朝鲜之事。由此来看，商朝先民已能超出近海，发展渤海以东的海上交通了。据后汉王充的《论衡》所记：周时“越裳献白雉，倭人贡鬯（音 chàng）草”及周成王时“载裳献雉，倭人贡畅”；在西汉的《尚书大传》和《韩诗外传》中亦有越裳献白雉的记载。越裳在今越南北部，倭人指今日本，雉为长羽珍禽，鬯同畅，为香郁芳草。这说明西周时，通过沿海航行与东方的日本和南方的越南已有海上交往。

春秋战国时沿海地区航海活动日趋频繁，位于海边的齐、吴、越等国往往利用自己海上优势，相互进行海战。公元前567年，齐国征服了莱国，成为控制山东半岛和渤海航行的海上强国，西汉古籍《说苑·正谏篇》记，齐景公曾“游于海上而乐之，六月不归”。春秋末连孔子也想“乘桴浮于海”。位于长江口的吴国“不能一日而废舟楫之用”，于公元前485年派大夫徐承率舟师“自海入齐”，结果为“齐军败之，吴师乃还”。位于钱塘江口的越国“以船为车，以楫为马，往若飘风，去则难从”；《淮南子》也说“胡人便于马，越人便于舟”，可见水上活动对越国之重要。越国灭了吴国以后，于公元前468年由会稽（今浙江绍兴市）迁都琅邪（今山东胶南县西南）；至战国时越国衰落，于公元前379年不得不再次浮海南下，复迁都至吴（今苏州市）。至公元前323年为楚所灭，从此长江下游亦归楚所有。所以《禹贡》说：“沿于江海，达于淮泗。”《禹贡》成书于战国末期，它记载了我国远古时代最早的海上航路。这条航路从北方的河水（黄河）入海口和济水入海口，环绕今山东半岛向南，以达淮水（淮河）入海口和江水（长江）入海口，从而构成了一条相当完整的海上交通线。向北可以航海通向东北方面今辽东半岛一带的鸟夷；向南可以航海通向今浙江、福建一带。这是我国航海史上最早的一页。

从战国末年即公元前3世纪的《礼记·月令》和《吕氏春秋·十二纪》中所记风的分类来看，我国在公元前3世纪以前航海者已能利用季风来进行海上航行。这比西方传说中的希巴洛斯和公元前1世纪的埃及商船认识季风都要早两个多世纪。

从古籍中可以看出春秋战国时期我国沿海已初步形成一批重要港口：渤海西北有碣石（在今河北昌黎县境），是燕国通海的门户；山东半岛北面有转附（即今芝罘半岛）；南面有琅邪；长江口附近有吴（今苏州市）；钱塘江口有会稽、句章（今浙江宁波市西），是越国的海港；再往南有东瓯（今浙江温州市）、冶（今福州市）和番禺（今广州市）等。

2 殷人远渡美洲问题

自18世纪以来，西方一些学者通过对《山海经》的研究，认为这部书约成书于公元前10世纪前后，它包括了整个世界的旅行记载。其中《海外东经》、《大荒东经》中的描述，似乎同墨西哥的科罗拉多河谷有关；书中的《东山经》似乎与北美洲、中美洲及墨西哥湾等地区有关，从而提出早在公元前11世纪可能就有中国人到过美洲。以后在美洲一些地区，特别是在墨西哥的考古发现中，有许多遗物和遗迹具有与中国商代文化特征相似的墓碑、雕塑、石刀、铜器、图腾、壁画、文字、陶片、纹饰等。如在密西西比河下游发现上古时代的圆形土墩和石斧，与中国张家口附近的土墩和石斧相似。在墨西哥拉文塔土墩中出土的石雕，及在危地马拉博物馆保存的奥尔梅克赤陶头像，都是中国人的脸型。于是有的学者便认为在3000多年前，很可能有一批中国人到达了美洲或墨西哥。正好在中国史书中记有商末武王伐纣时，曾有大批殷人逃亡，桴泛出海。由此推论，很可能这批逃亡者从山东半岛出海，漂流到台湾岛，然后沿琉球群岛北上到了日本，再沿日本列岛北上，趁西风或黑潮海流漂流到阿留申群岛，从而到达了北美洲。再顺加利福尼亚海流南下到了墨西哥。这一问题受到中外学者普遍关注，有的继续论证探讨，有的据理反驳，予以否定，沸沸扬扬，热闹非凡。

到了20世纪70年代，美国地质调查局的一支打捞队在加利福尼亚南部帕拉斯维德半岛浅海处，发现两个表面有2~3毫米锰矿积聚层的“石锚”。欧美专家学者对此作了专门研究，认为这两个“石锚”的岩质在北美太平洋沿岸并不存在，与中国沿海地区的灰岩基本相同；同时根据锰积聚率为每千年1毫米来推算，这些“石锚”在海底已沉睡了两三千年。这正是上述殷人东渡的年代，这些石锚可能就是当时殷人遗留下来的。此外近年在墨西哥还发现一方刻有“大齐田人之墓”的墓碑，有人认为这是战国或秦末的田齐人氏的墓地，从而殷人远渡美洲的话题又重新引起人们的重视。有的学者从当时的造船和航海技术等方面来分析，认为不太可能，对此予以否定。这问题尚在继续探讨之中，如真能予以科学证实，那将是人类航海史上石破天惊的伟大创举了。

3 早期与朝鲜、日本的交往

前面已述早在商末周初，曾封箕子于朝鲜。随后迁徙去朝鲜的人员日益增多。早期与朝鲜半岛的交往，主要是从山东半岛沿着渤海海峡中的庙岛群岛与辽东半岛南岸航行到达朝鲜。再顺着朝鲜半岛沿岸便可驶达朝鲜半岛的南部与东南部了。到战国时，《山海经》中记："东海之内，北海之隅，有国名曰朝鲜。"可见当时对朝鲜已颇为了解，并把朝鲜、日本视作属于燕的势力范围。这里把朝鲜、日本与我国东北之间的位置关系说得很清楚了。近年在朝鲜半岛南部多次发现具有我国战国时期文物特色的铜铎、铜剑等实物出土，正是说明当时相互交往的密切。

至于与日本的交往，最早是从朝鲜半岛南岸，靠对马暖流与间宫寒流在日本海南部交汇而生成的左旋海流为动力，这种自然漂流的航路只是单向的，很少有人从日本冒险逆向来中国。西周时，既有"倭人贡鬯"记载，说明由日本来中国的航路已经开通。当时的航路可能是从朝鲜半岛南端越海，中经对马、远瀛（今冲之岛）、中瀛（今大岛），到达筑前胸形（今北九州宗像）的横渡朝鲜海峡航路。这在《日本书纪》中称之为"北海道中"或"道中"航路。在日本备后三原町附近和邑久郡等地发现有我国战国时期的铜剑、明刀钱、安阳布等；在日本本州岛西岸的山阴、北陆地区发现不少与我国先秦时期古钟相类似的祭祀器具铜铎；在北九州沿海地区发现富有中国特色的铜剑、铜鉾等遗物。这些文物的出土，正是当时中日交往的实物见证，中国移民来到日本，带去了先进的金属文化与水稻栽培技术，使日本开始从原始的渔猎生活的绳文文化向使用金属工具和进行水稻种植的弥生文化飞跃发展。

二　秦汉时期海上丝路的萌芽

1　徐福东渡

徐福古称徐市，市即芾，与黻同，东汉后改为福字，它们读音相同。他出生于今江苏省赣榆县城北金山乡南1公里的一个村子里，迄今附近尚有徐福旧庙。他是战国末年齐国的方士，懂得航海知识并有航海经历，利用秦始皇巡海求仙的心理，趁秦始皇东巡到琅邪时，诈称海中有神山仙岛，可以求取长生不死的灵药。得到秦始皇的支持，发童男童女数千人，并带了大量的五谷及种种百工而行，由琅邪（今山东胶南县南部）出海远航，一去不归。

史籍中未记徐福具体去处，只是说去了“三神山”、“平原广泽”，后人研究普遍认为是去了日本，从而在中日两国文献中都留有徐福东渡日本的故事记载；而且在日本和歌山县新宫市还有“秦徐福之墓”的古迹，在九州等地建有与此有关的徐福寺等古迹，徐福东渡日本似已确凿无疑。在日本和歌山县新宫町的

“秦徐福之墓”前立有石碑，记：“相传往昔秦始皇时，徐福率童男女五百人，携五谷种籽及耕作农具渡至日本，在熊野津登岸，从事耕作，养育男女，子孙遂为熊野之长，安稳定渡日。”

当时徐福从琅邪港出发，沿海岸航行，绕过山东半岛东端成山角，向西行过芝罘港（今山东烟台）到蓬莱，再沿庙岛群岛北上，渡过渤海海峡到辽东半岛南端老铁山，再顺海岸行至朝鲜半岛东南角的釜山，沿“海北道中”航路，经对马、远瀛、中瀛到达北九州筑前的胸形；最后从北九州沿岸过关门海峡驶进濑户内海，再沿大阪湾南航入纪伊水道，绕过纪伊半岛，最终抵达和歌山县新宫町附近的熊野滩。这条航路实际就是古代“海北道中”航路的延伸。

徐福东渡的故事虽非确切，但它反映了秦始皇时，由于苛政暴虐，人们为了逃避反抗，假借入海求仙向海外移民确有其事。至于徐福是否确实到了日本，虽不能肯定。但从日本民族的形成来看，秦代肯定曾有大批移民从中国大陆前往日本，他们带去了先进的生产技术和文化，推动了日本社会的发展。再从当时的航海技术与航路的开辟来看，海上航行前往日本已非难事。在日本民间传说中，普遍认为是徐福向日本居民传授了耕作、纺织、冶炼、医术等技术。九州佐贺县的金立神社把徐福奉为农耕、养蚕、医药之神；本州山梨县的浅见神社则尊徐福为纺织之神。可以说徐福是我国海上丝路上扬帆远航的先驱者，他东渡日本的

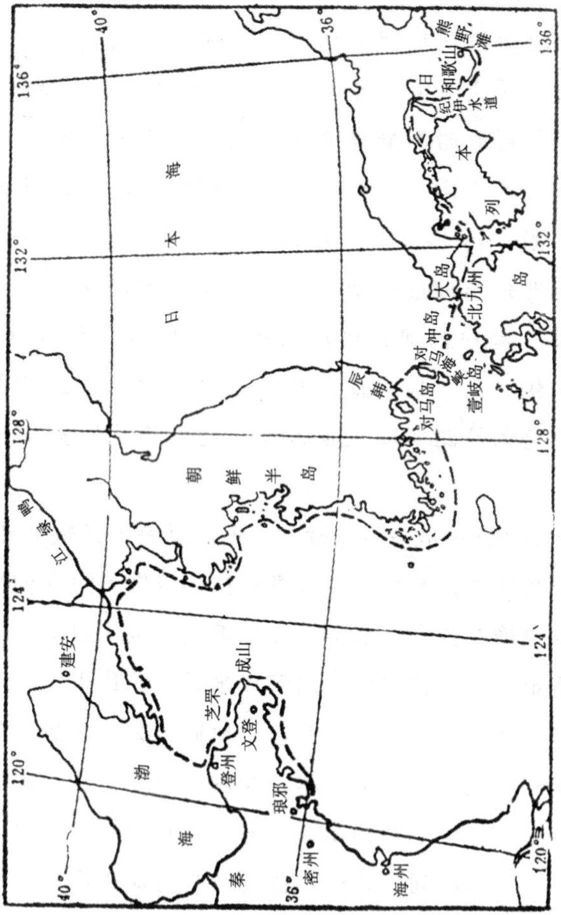

图 1　徐福船队东渡的可行性航路略图

举动不仅促进了中日两国间的经济文化交流，而且充分表明当时我国航海能力居世界领先地位（参见图 1）。

2 倭奴金印的发现

继秦代徐福东渡日本之后，两汉时期中日间交往日益频繁，一方面是中国移民大批渡海去日本避难；另一方面是日本列岛上小国纷纷来汉献见。公元 199 年曾有功满王从朝鲜半岛的百济将蚕种带到日本；214 年有弓月君曾率来自 120 个县的中国居民去日本；其后 220 年又有阿知使主率 17 个县的百姓移居日本。日本史籍中甚至称“秦汉百济内附之民，各有万计”。大批的移民带去了先进的生产技术和汉代器物，在日本北九州等地出土大批汉代的铁器、生活用具以至王莽新朝的货泉（当时的货币）等，足以反映这一事实。

自汉代起，我国史籍对古代日本情况开始有了专门记载。《汉书·地理志》记：“乐浪海中有倭人，分为百余国，以岁时来献见。”到了后汉，两国关系进而发展成“遣使奉献”或“奉贡朝贺”了。《后汉书》的《东夷列传》说：“倭，在韩东南大海中，依山岛为居，凡百余国。自武帝灭朝鲜，使驿通于汉者三十许国。国皆称王，世世传统。”《三国志·魏书·倭人传》亦记：“倭人在带方东南大海之中，依山岛为国邑。旧百余国，汉时有朝见者，今使驿所通三十国。”

在这众多的小国中，《后汉书·东夷列传》记载着第一次中日正式交往的情景：“建武中元二年（公元57年），倭奴国奉贡朝贺，使人自称大夫，倭国之极南界也。光武赐以印绶。”汉光武帝所赐的金印，在日本天明四年（1784年）阴历二月二十三日于筑前国糟屋部志贺岛叶崎（今日本北九州福冈县志贺岛）被一个叫甚兵卫的农民在挖水沟时发现。该印印面为2.34厘米见方，约合东汉度量衡制铜尺的一寸见方，正符合汉代规定所赐诸侯王的金印大不逾寸的制度。其厚0.91厘米，重约108.729克，金质蛇纽，蛇纽高1.21厘米，下有一小孔，供挂绶之用。其纽形与汉制也相符，汉制按钮形表示名分不同，列侯为龟，将军为虎，蛮夷为蛇。印面刻以阴文篆文“汉委奴国王”五字，委与倭古时通用，“委奴国”正是《后汉书》中所记的倭奴国。此印现已被日本政府指定为国宝，珍藏在福冈市立美术馆里。在志贺岛发现金印的地方，专门立了一块刻着“汉委奴国主金印发光之处”的石碑，以志永远纪念，并在周围加以绿化建设，开辟为“金印公园”。

无独有偶，1956年在我国云南省晋宁县石寨山汉墓中，也出土一方刻有“滇王之印”的蛇纽金印。1981年在扬州市附近的邗江县营泉镇北二号汉墓中，也出土了一颗与日本的“汉委奴国王”金印十分相似的“广陵王玺”龟纽金印。其大小边长与“汉委奴国王”金印完全一样，都为汉制一寸；两印篆刻的字体也十分相似，印纽上都有鱼子纹。史书记载："广陵王玺"金印授予时间只比"汉委奴国王"金印晚一年。由此充分证实日本200多年前发现的倭奴国王金印确实是汉光武帝所授。这是中日两国友好往来源远流长的历史见证，它揭开了日本史上光辉的一页，也是东方海上丝绸之路上极为灿烂的明珠。

《后汉书》中还记载：安帝永初元年（107年），"倭国王师升等献生口百六十人，愿请见"。据史家考证，这里的"倭国"是指伊都国，当时日本列岛生产还比较落后，没有什么特产可献，只能以奴隶作贡物，这里虽未记下这次朝贡回赠的赐品，但从日本九州及本州近畿一带出土文物中可以得到反映。在三云和番上遗迹中发现了大量铁器，其中有中国后汉时期的刀柄呈环形的素环刀、铁斧、管玉、杯子等。特别是在平原遗址的古坟群中，有一座古墓中出土了42面汉镜，其中有4面在全日本所有出土的汉镜中是最大的，这当中有一面是极为罕见的"内行花纹镜"。日本古代汉镜被认为是权力和统治的象征，由此可见墓主可能是个统治者，这些汉镜很可能就是与汉代交往中所得的赐品。

3 两汉时海上丝路的开辟

早在春秋战国时期，南方越人通过番禺（今广州市）对外进行航海贸易。当时南方百越就是以珠玑、玳瑁等海外珍品朝贡楚国。秦始皇统一六国后，发兵经略岭南，就是为了得到越之犀角、象齿、翡翠、珠玑，只是当时南海贸易及航线的详情还不是太清楚。

我国对南海的海外交通航线具体记载始于《汉书·地理志》。这是因为在西汉武帝时，国力强盛，经济富庶，曾两次派遣张骞“凿空”西域，将我国的丝绸带到了西方，远达地中海东部一带，开辟了横跨亚洲大陆的陆上丝绸之路，扩大了汉王朝的声威和影响。由于陆路交通易受匈奴等部族的阻碍，汉武帝又开拓了南海对外交通与贸易活动，从而开辟了海上丝绸之路。

汉武帝派遣译长（属黄门的中官）从日南（今越南广治附近）、雷州半岛的徐闻（今广东徐闻县境内）、合浦（今广西合浦县东北）等地起航出发，航行5个月，到达都元国（约在今马来半岛东南部或苏门答腊岛西北部的八昔河附近）；再行4个月，到邑卢没国（约在今缅甸南部锡唐河入海口附近的勃固）；又行二十余日，到谌离国（约在今缅甸伊洛瓦底江口一港）；然后步行十余日，即到夫甘都卢国（在今伊洛瓦底江中游东岸蒲甘城一带）；再船行二月余，便到黄支国（约在今印度半岛东岸马德拉斯西南的康契普腊姆）；在黄支国之南有已程不国（即今斯里兰卡），由此折返回航。沿途用带去的黄金、“杂缯”（即各种丝绸织物）等，向那些国家换取明珠和其他珍奇异物，一路受到沿途各国的热情接待，有时还有当地海船护送。

由此可见西汉最初开辟的海上丝路一开始就已到达印度洋孟加拉湾。

就在西汉王朝统一中国时，西方罗马人也统一了意大利半岛，建立了强大的罗马帝国（汉时称大秦，又称犁鞬）。东西方两大帝国间，在中亚地区有大月氏和安息两大国阻隔，所以陆上丝绸之路中国丝绸虽已远销到罗马，但两国间无法直销，其间由安息商人进行转销，牟取暴利。汉武帝开辟海上丝路的主要目的，就是为了从海上经由印度沟通与罗马的贸易交往。当时西汉船队受航海条件限制，到了印度东海岸的康契普拉姆及斯里兰卡等地，已能换回所需货物，便折返回航。所以印度和斯里兰卡便成了海上丝路上欧亚贸易的中转港。至于印度以西的航路则由西方航海者开拓。

在古罗马学者白里内所著《博物志》中记载，当时罗马人通过印度航商用宝石和红海产的珍珠在斯里兰卡与中国商船交换丝绸；而汉代的中国商人还在科罗曼德和斯里兰卡建立了货栈，与来自埃及的西方商船交换货物。在吉本所著的《罗马帝国之衰亡》一书中亦记载：罗马商船从埃及红海出发，越过阿拉伯海，到达印度西海岸，“印度的马拉巴海岸及锡兰岛（即今斯里兰卡），乃其寻常停泊之处，亚洲远邦商贾多麇集于这些地方，以待罗马商人来与之交易”。这在近年的考古发现中亦得到了充分证明，在南印度东海岸本地治里城以南 3 公里的阿里卡梅杜发现了一个公元 1、2 世纪的古代国际贸易港，在这座商埠里发现有许多可能直接由罗马人及罗马帝国统治下的叙利亚、埃及等地商人经营的货栈商行；还出土了大量来自意大利的阿列丁式陶器、希腊式水罐和罗马帝国的钱币等。这里具有浓厚的罗马色彩，显然是当年地中海地区的罗马商人与中国商人进行贸易交往的中转基地。

到了东汉，为了恢复陆上丝路的交通，曾先后三次派遣班超和班勇父子俩出使西域；同时积极探索从南亚和中亚直接沟通去波斯湾、阿拉伯海、红海的海上航路。在永元九年（公元 97 年），班超遣甘英出使大秦，抵条支，临波斯湾欲渡，打算入波斯湾后，绕过阿拉伯海，经曼德海峡进入红海，然后由尼罗河去大秦中心地带——今埃及。可是安息（今伊朗）西界船人对甘英说：“海水广大，往来者善风，三月乃得度；若遇迟风，亦有二岁者，故入海人皆赍三岁粮。海中善使人思土恋慕，数有死亡者。”从而使甘英放弃了西渡计划，但已认识到“自此南乘海，乃通大秦”。

与此同时，大秦方面的西方航海者也在积极了解东方“丝国”，公元 1 世纪末，有一位居住埃及亚历山大港的无名氏商人撰写了《红海回航记》，记述了西方商船经常往来于红海、波斯湾、印度次大陆东西两岸，特别记载了中国，称作“秦”国，其北方有一城市叫“秦尼”（可能指长安），这里“出产丝、丝线和名为丝绸的布”，所以又称为“丝国”。在托勒密的《地理学》一书中转引一个叫梅斯的商人所说，在远航中曾派人前往“丝国”。

在中国古籍中也不乏有关这条航线的记载，成书比《后汉书》还早一个多世纪的《魏略·西戎传》中就记述了当时大秦（古罗马）直通中国的两条主要海道：“大秦道既从海北陆通，又循海而南，与交趾（今越南北方）七郡外夷比，又有水道通益州永昌，故永昌出异物。”也就是说，一条是直接通往我国古代南方大港，在今越南北部及雷州半岛的徐闻、合浦；一条是以今缅甸南部的海口为海行终点，然后经伊洛瓦底江等河谷北上，进入我国西南部，通过云南的永昌郡与内地沟通。《后汉书·南蛮·西南夷传》中记：永元九年（公元97年），“掸国（即今缅甸）王雍由调遣重译奉国珍宝，和帝赐金印紫绶”。到永宁元年（120年），“掸国王雍由调复遣使者诣阙朝贺，献乐及幻人，能变化吐火，自支解，易牛马头。又善跳丸，数乃至千。自言海西人。海西即大秦也，掸国西南通大秦”。可见当时缅甸与东汉有着密切交往，将罗马的魔术杂技演员引入中国，这也是我国记载中第一批来中国的罗马人。

《后汉书·西域传》记载：“桓帝延熹九年，大秦王安敦遣使自日南徼外献象牙、犀角、玳瑁，始乃一通焉。”这是中国同罗马帝国直接友好交往的最早记录，而且是突破了以往通过斯里兰卡的中转，第一次疏通了东西方海上运输大动脉。从而连接欧亚大陆的“海上丝绸之路”真正建立起来了（见图2）。

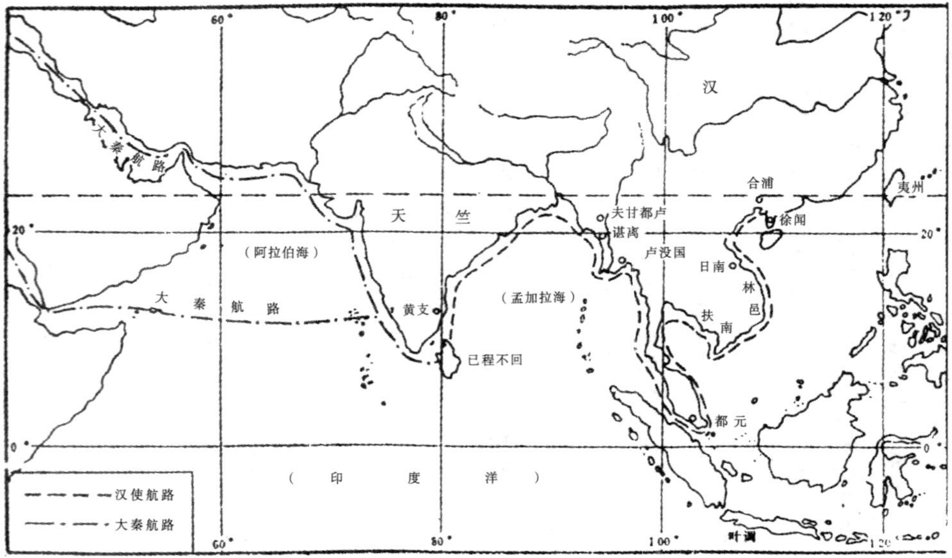

图 2　西汉印度洋航路略图

三 魏晋南北朝时期海上丝路的发展

1 南海航路的发展

三国时期，吴国地处东南沿海，孙权充分利用其优越的海洋地理条件，积极倡导大规模航海活动，就在他称帝的第二年即黄龙二年（230 年），即“遣将军卫温、诸葛直将甲士万人浮海求夷洲及亶洲”。夷洲即今台湾岛，亶洲为秦代徐福东渡而未再归来的日本列岛。终因亶洲“所在绝远，卒不可得至，但得夷洲数千人还”。这是我国正史中第一次关于台湾海峡两岸交往的正式记录。

孙权还派遣朱应、康泰出使南海诸国，他们南海之行，历时达一二十年，“其所经及传闻则有百数十国”，几乎遍及整个东南亚，甚至到达今天菲律宾群岛。回国后分别撰成《扶南异物志》和《吴时外国传》等书，这是我国出现的最早的关于南海情况的专门著作，可惜都已失传，只是在其他古籍中多有引用。与此同时，黄武五年（226 年）有罗马商人叫秦论的来到交趾，后被送去谒见孙权，孙权向他了解了许多罗马帝国的风情习俗，然后派刘咸送他回国，不巧刘咸在途中病故，不然刘咸可能成为去罗马帝国的第一个中国人。

这时期南海航路上中外贸易依然持续不断，东南亚和南亚地区前来入贡或进行贸易的国家日益增多。《梁书·海南诸国传》中说，海南诸国一般是指交州以南及西南的海外国家，在西边同西域诸国接界。晋代时，这些国家同中国直接交往较少，所以中国史官没有什么记载。到南朝宋、齐时，有十多个国家同中国有直接来往，从而史书才继续有了记载。到了梁朝，南海诸国奉中国王朝的“正朔”年号，向梁朝入贡，航海到中国来的比前代更多了。这一时期我国同东南亚及南亚各国海上贸易往来不断发展。就说天竺国吧，自东汉时遣使来华后，与中国中断了3个多世纪的联系，到梁朝时又遣使来华，恢复了以往的联系。此后印度洋沿岸的天竺、师子国等国多次派遣使臣来华，东南亚地区的扶南（今柬埔寨）、呵罗单（今印尼爪哇）等许多国家同中国保持着密切的联系。在这时期与各国的贸易活动中，我国主要以输出绫、绢、緜、丝等丝织品为主，而从南海各国进口珍珠、象牙、玳瑁、珊瑚、翡翠、香药、鹦鹉、孔雀、琉璃、吉贝及其他奇物等。据《宋书·蛮夷传》记载：南朝宋元嘉七年（430年）呵罗单国曾遣使送来“天竺白叠古贝，叶波国古贝等物”。这里的“古贝”，即上述的“吉贝”，也就是我们通常所用的棉花、棉布。

由于南朝与海南诸国的海上交往更加频繁和活跃，南海海上丝路又有进一步发展，开始越过南亚印度半岛，将航路延伸到阿拉伯海与波斯湾，直接沟通了东、西亚之间的海上往来。当时陆上丝绸之路出现梗塞，东西方交往主要靠海上丝路维系。不仅在《宋书·蛮夷传》中有记载，而且在阿拉伯旅行家马苏第的《黄金草原与宝石矿》一书中也明确记载：“中国和印度船只溯流而上去见希拉王。”这里的希拉国是 3 ~ 7 世纪初的阿拉伯古国，希拉城位于古巴比伦废墟 3 公里处，当时中国船只到达波斯湾后，再溯幼发拉底河而上，可达希拉城拜见希拉王。同时出发港口也随航海技术的提高，从两汉时的雷州半岛上的徐闻、合浦等地移至广州，晋朝的宗室贵族中有人为了蓄聚珍宝，专门派人到广州、交州采购海商运来的舶货。当时“广州包山带海，珍异所出，一箧之宝，可资数世”。这些“珍异”实际都是从海外进口来的。从此我国南大门——广州，便一直成为我国南方重要港口，久盛不衰。近年在广东英德和曲江的南朝墓葬中先后出土波斯萨珊王朝的银币，这正是当时波斯或阿拉伯商人从海路来华经商贸易的实证。

梁时，不少外国僧人来华传译佛法，其中西天竺僧拘那陀罗（即真谛）取海路经狼牙修（今马来半岛北大年一带）、扶南来到南海郡（治所在今广州市）。后又辗转至晋安郡（治所在今福州市），又去了梁安郡（治所在今福建南安县丰州，即泉州港附近），最后又由梁安郡泛海至广州。他在晋安郡时曾“欲泛舶往棱伽修（即狼牙修）”；在梁安郡时“更装大舶，欲返西国”，可见当时的福州、泉州港也可与海外通航。

2 法显的远航实践

法显俗姓龚，平阳武阳（今山西省临汾县西南）人，三岁出家度为沙弥，是东晋著名高僧。佛教自东汉传入中国后，多赖西域或印度的译经师来华传授经典，往往残缺失真，不能满足僧徒们需要，法显毅然发愿前往佛教发源地天竺（今印度）求法取经。他于东晋隆安三年（399年）以六十左右的高龄，与慧景、道整、慧应等人，从长安出发，通过陆上丝绸之路去天竺寻求戒律。他在佛教中心——摩竭陀国首都巴连弗邑（即今印度比哈尔邦巴特那）留住了三年，学习梵文梵语，抄写经律。随后他又去了瞻波国，其首都故址在今印度比哈尔邦东部的巴格耳普尔略西不远处；再由此东行，到了多摩梨帝国，其首都故址在今印度西孟加拉邦加尔各答西南的坦姆拉克，是古印度东北部的著名海港城市，这里“佛法亦兴”，所以“法显住此二年，写经及画像”。

义熙五年（409年），法显乘商人大舶，泛海西南行，得冬初信风，昼夜十四日，到师子国。师子国即今斯里兰卡，这里是当时航海枢纽，“诸国商人共市易”的著名中转港。法显在此寻访名山大寺，参拜佛宝神像，这时他已“去汉积年，所与交接悉异域人，山川草木，举目无旧，又同行分披，或留或亡，顾影唯己，心常怀悲。忽于此玉像边见商人以晋地一白绢扇供养，不觉凄然，泪下满目”。身处异乡他国，怀念祖国的思乡之情跃然纸上，真是感人至深！他在这里住了两年，收集了大量经律，于义熙七年（411 年）八月搭乘一商船，自师子国启程浮海回国。横渡孟加拉湾、暹罗湾，途经今印尼的苏门答腊或爪哇岛，作了短暂停留，等候季风，原打算到广州登岸，因受季风影响，于义熙八年（412 年）到达山东半岛南部的牢山（今崂山）登陆；次年（413 年）抵达京城建康（今江苏南京市）。在海外旅行历时 15 年之久。

法显从陆上丝绸之路西行求法，历经艰险，是我国第一个到达今印度河流域的人。他遍游印度北、西、中、东部，其足迹为“汉之张骞、甘英皆不至”，是第一个循海路而归，途经今斯里兰卡、印尼等地，开辟“海上丝绸之路”航道的探险者。他回国后用了约五年时间，译出了《摩诃僧祇众律》、《方等般泥洹经》等经典六部，六十三卷，百余万言；同时将其西行求法的经过，以及他所经历的三十多国的所见所闻，写成了著名的《佛国记》，该书有《佛游天竺记》、《历游天竺记》、《法显传》等不同名称。《佛国记》中不仅记载了法显西去时所经陆上丝路的艰难险阻及在印度各地的情况；而且详细记载了当时东西方海上贸易中转站师子国：“其国本在洲上（即岛上），东西五十由延（由延为当时印度计算距离的单位，约合 3 公里多），南北三十由延。左右小洲乃有百数，其间相去或十里、二十里，或二百里，皆统属大洲。多出珍宝珠玑。……其国和适，无冬夏之异，草木常茂，田种随人，无所时节。”首次准确地描述了斯里兰卡岛国的岛屿分布、热带气候特点、自然景观和农业习俗等。它还第一次记下了东还时在印度洋上航行的实况："海中多有抄贼，遇辄无全。大海弥漫无边，不识东西，唯望日、月、星宿而进。若阴雨时，为逐风去亦无准。……海深无底，又无下石住处。至天晴已，乃知东西，还复望正而进。若值伏石，则无活路。"这是公元5世纪海上远航的真实写照，如无亲身经历是写不出来的。

法显回国途中曾至耶婆提国，历来解说不一，中外学者或以为今爪哇、或以为今苏门答腊、或以为今加里曼丹。20世纪初，章炳麟首次提出耶婆提国在南美洲；最近又有学者研究认为："当在墨西哥南部到洛杉矶范围之内"，"而以墨西哥海岸的阿卡普尔科的可能性为最大"。这个问题尚有待于今后深入研究解决（见图3）。

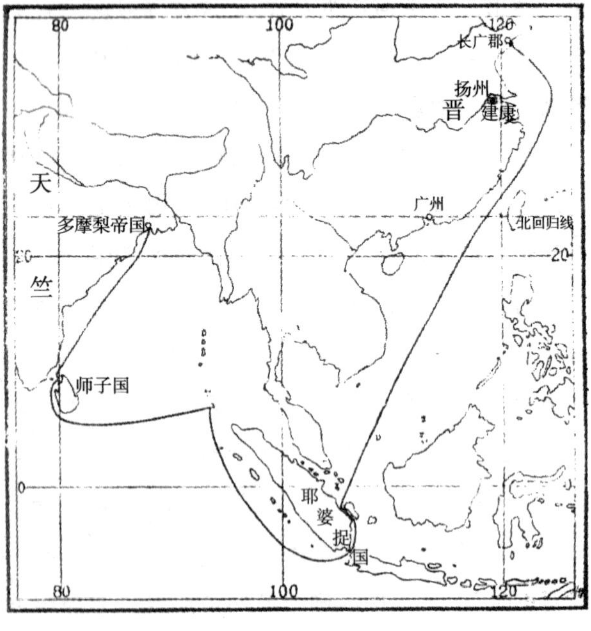

图3　法显航海图

3 "扶桑"之谜

《梁书·诸夷传》记:"扶桑国者,齐永元元年(499年),其国有沙门慧深来至荆州,说云:'扶桑在大汉国东二万余里,地在中国之东,其土多扶桑木,故以为名。扶桑叶似桐,而初生如笋,国人食之,实如梨而赤,绩其皮为布以为衣,亦以为绵。作板屋。无城郭。有文字,以扶桑皮为纸。无兵甲,不攻战。其国法,有南北狱。若犯轻者入南狱,重罪者入北狱。'"自唐朝以来,我国一般都认为"扶桑"指的是东邻日本国。自1761年法国汉学家吉尼(又译歧尼、金勒、德经等)在法国文史学院作题为《美洲海岸中国人航迹之寻究》的报告,首次认为扶桑国即今美洲的墨西哥,提出中国僧人早在公元5世纪时已发现美洲,比哥伦布早1000年。从此引起中外学者对这一问题展开了热烈的争论,众说纷纭,莫衷一是,迄今仍悬而未决,尚待继续深入研究。

目前主要有三种看法:美洲说;非"美洲说";日本说。

美洲说 以吉尼为首的美洲说学者大有人在,其代表作有:西方学者文宁的《无名的哥伦布》一书,全书共约800页;美国加利福尼亚大学教授弗雷尔的《哥伦布千年前发现新大陆之佛教徒》;美国学者茉次(又译墨兹等)的《淡墨——中国人在美洲探险的两份古代记录》等。中国学者有章炳麟在1908年发表的

《法显发见西半球说》，认为《佛国记》中的耶婆提为耶科陀尔（今厄瓜多尔）的谐音；陈汉章 1920 年发表《美洲为古幡木地说》，认为《史记·五帝本纪》中颛顼高阳“东至幡木”中的幡木即扶木，亦即扶桑之地；1939 年陈志良的《中国人最初移殖美洲说》中，把殷人东渡说成移殖美洲；朱谦之 1941 年写了《扶桑国考证》一书，1962 年又发表了《哥伦布前一千年僧人发现美洲考》；1961 年马南邨在《北京晚报》发表《谁最早发现美洲》、《“扶桑”小考》、《由慧深国籍说起》三篇短文；近年根据美国发表石锚新资料，房仲甫又连续发表《中国人最先到达美洲新物证》、《扬帆美洲三千年——殷人跨越太平洋初探》、《殷人航渡美洲再探》数文；最近又有连云山的《谁先到达美洲》一书出版；诸此皆为“美洲说”的坚持者。其理由是从地理位置来看，《梁书·诸夷传》中记扶桑国在大汉国东二万里，大汉国在文身国东五千里，而文身国又在倭国东北七千里，由此推断：倭国是今日本列岛，文身国则是日本列岛东北之千岛群岛，大汉国即今千岛群岛东方的阿留申群岛，那么扶桑国即为今美洲西海岸的墨西哥了。同时他们将美洲墨西哥历来考古中出土的与中国有关的文物罗列起来加以论证，从而认为扶桑非墨西哥莫属。不仅 5 世纪末慧深最先到达美洲，上溯至 5 世纪初法显也到了美洲，秦朝徐福东渡也是到了美洲。《山海经》中《东山经》的山系名称等，清代学者研究后，认为在中国大陆“多无可考”，而美国学者茉茨研究后认为，“与现今北美洲中西部北起加拿大，南到墨西哥的地理竟然完全相合”；《山海经·东山经》居然成为“一篇四千年前北美西海岸科学考察记录”。由此也说明殷人远航美洲是理所当然的了。

非“美洲说” 1831年德国东方学者克拉卜洛特发表《关于中国文献中所载扶桑国被误为美洲的一部分的说法的研究》，第一个反驳了吉尼的观点，认为慧深所传不可信，不能推断扶桑国为墨西哥；其后1892年荷兰汉学家希勒格（又译施古德）发表了《扶桑国考证》一文，收在冯承钧所译《中国史乘中未详诸国考证》（第一卷），他认为中国古文献中《山海经》、《淮南子》、《十洲记》等记载的扶桑比《梁书》所记更确切，指出扶桑应为日本或库页岛；中国学者有罗荣渠在1962年发表了《论所谓中国人发现美洲的问题》，他从地理位置、物产特征、佛教和慧深、社会组织和风俗、考古学和人类学等五个方面全面系统地批驳了扶桑即墨西哥的论点，认为其地理位置东不过日本，西不过贝加尔湖，北不过库页岛；其后汤用彤和孙秉莹等也撰文《关于慧深》和《墨西哥和扶桑国》等，对慧深其人及其国籍表示怀疑，认为扶桑在日本更有根据。李约瑟的《中国科学技术史》中有关章节和韩振华的《扶桑国新考证》也都对美洲说持反对意见。

日本说 诸凡反对扶桑为墨西哥的，大多认为应为日本。从古籍《山海经》注疏及东汉王充《论衡·说日》中看，扶桑应为日所出处，而日本国在致隋炀帝国书中即自称为“日出处天子”，日本人也往往以“扶桑”自称，中国文人学士赋诗谱词中也多以“扶桑”作日本的别称。

从人们沿袭的保守观念来看，大多数人一般以日本为扶桑；从中外学者研究文章来看，似乎美洲说占据优势。问题的关键是从古代历史条件看，是否能有如此远航可能。不少学者在这方面也作了一定的尝试，他们认为取得成功完全有可能。这问题不光是争谁先到达美洲的问题，更重要的是事关亚、美两大洲之间的友好往来的历史，关系到人类文明史的发展历程。这是一个极为严肃而又科学的问题，中外学者不遗余力地进行认真细致的研究和探索，是有着十分深远意义的。我们期待国内外科学家继续努力，争取能有更大的突破，尽早解开这个“扶桑”之谜。如果能科学地确证扶桑是在美洲或墨西哥，那么我国远洋航海史将更加辉煌，海上丝绸之路的东线将更早更长，人类文明史也将随之更加灿烂。

4 中日交往的发展

海上丝路东线到了魏晋南北朝时期又有了长足进展。曹魏景初二年（238 年）倭国女王卑弥呼派遣使者难升米等来魏都洛阳，献男生口四人，女生口六人，班布二匹二丈，这是倭国女王首次遣使来魏；魏明帝诏封卑弥呼为“亲魏倭王”，并赐以金印紫绶，此印虽未发现，但《宣和集古印谱》中拓有印样，收在日本《好古目录》中；并赠以绛地交龙锦五匹，绛地绉粟罽10 张，蒨绛 50 匹，绀青 50 匹，以及绀地句文锦 3 匹，细斑华罽5张，白绢50匹，金8两，五尺刀2口，铜镜百枚，真珠、铅丹各50斤。1951年在日本大阪府泉北群信太村出土的神兽镜中，在一面镜缘上有铭文“景初三年陈国作铭之保子宜孙”，这正是当年所赠的百枚铜镜之一。在众多的赐品中，中国第一次赏赐如此众多的高级丝织品，并于正始元年（240年）派带方郡官员将这些赐品送往倭国，这是曹魏第一次遣使去倭。其实我国蚕种于东汉末年已由朝鲜半岛百济传到日本，在《后汉书》、《三国志》中都记载倭国“产纻麻、蚕桑、缉绩出细纻缣緜”；所以正始四年（243年）倭王第二次遣使来魏时，“献生口、倭锦、绛青缣、緜衣、帛布、丹、木、狲、短弓矢”。这些丝织品都是织物较厚的平纹绢。中日两国已建立起友好的“丝绸外交”，自景初二年通使以后，短短十年间，倭国女王派使节来魏达四次，而魏使去倭女王国亦有二次，足见相互之间交往之频繁。这时期两国往来路线也有所变动，主要是从朝鲜半岛东南，取对马岛和壹岐岛为中介横渡朝鲜海峡，比原先对马—冲之航路偏西，航路更为便捷。

这条航线一直维系到西晋，从记载看，中国的丝织和缝纫技术约从西晋开始传入日本。据日本史料《古事记》卷中《应神天皇》记载，在日本应神天皇时（270～309年），百济曾向日本贡上两个有技术专长的人，名叫卓素（擅长韩锻）和名叫西素（擅长吴服）。这里所说吴服是指从我国古称吴国的江浙地区用丝绸缝制的衣服，日本后来的和服就起源于此。《日本书纪》卷 10 记，在应神天皇三十九年（308 年），应神天皇“遣阿知使主、都加使主于吴，令求织工女。……吴王于是与工女兄媛、弟媛、吴织、穴织四妇女”。从而大大促进了日本养蚕丝织业的发展。《日本书纪》卷 14 又记，在雄略天皇十四年（470 年）“将吴所献手末才伎汉织、吴织、衣缝兄媛、弟媛等泊于住吉津”。将他们住地称作“吴坂”、“吴原”，这些穴织、吴织、兄媛、弟媛等都是由中国去日本的机织工、缝衣女，她们能生产出丰富多彩的中国南方式样的美丽的丝绸纺织品，使日本的丝绸纺织业得到了很快发展，这正是我国东线海上丝绸之路的一大贡献。

在整个南朝刘宋时期，前后约 60 年中，日本方面遣使来华共有 8 次。《文献通考》记“倭人……初通中国也，实自辽东而来……至六朝及宋，则多从南道，浮海入贡及通互市之类，而不自北方，则以辽东非中国土地故也。”从中可见当时除了通使外，还开始进行互市贸易活动。日本之所以只与南朝通使，不与北朝往来，主要是认为南朝继承了晋王朝的正统，中日间航路也就不能再过辽东半岛了，于是便开辟了新的航线，即走“南道”。

这里的“南道”，并非唐代所开辟的自日本博多港起航，不经朝鲜半岛而直接横越东海，直达长江口的南线；而是指从山东半岛向北直抵百济，然后去日本，因在曹魏开辟的第三条航线之南，故称“南道”。这条航路即由建康（今南京）出发—长江口—山东半岛成山角—横越黄海—朝鲜半岛南部—济州海峡—对马岛—壹岐岛—博多（今福冈）—关门海峡—濑户内海—难波津（今大阪）。南道航线比原先的北道航线大为缩短，方便了日本使者往来于南朝；同时朝鲜半岛上的百济、新罗也利用此道“累遣使”到南朝“献方物”。这是东线海上丝绸之路在这时期发展的突出成果。

四 隋唐五代时期海陆丝路地位的转折

1 陆上丝路的衰退与海上丝路的兴盛

自汉代张骞“凿空”西域，开辟了陆上丝绸之路以来，我国古代对外经济文化交流活动长期主要由这条陆上丝路加以沟通。这条陆上丝路西出玉门关（在今甘肃敦煌西北方盘城）或阳关（在今甘肃敦煌西南古铜滩附近），越过茫茫的白龙堆大沙漠，沿天山南北麓或昆仑山北麓，翻过葱岭，经中亚各国，前往西亚南亚地区。以后又经东汉班固“定西域”，确保了它的畅通无阻。在两汉时通过这条商路，与西方的丝绸贸易异常频繁，促进了东西方的经济文化交流。当罗马恺撒大帝穿上中国的丝袍去看戏时，显得尤为华贵，引起了全场轰动；罗马的贵族妇人都以能穿上中国丝绸衣裙为荣，中国的丝绸轰动了西方，成为罗马帝国最受欢迎的奢侈品。魏晋南北朝时期，西域各国与中原地区的割据政权的联系基本中断了。直到隋唐统一中国以后，与西域各国的关系才又得到恢复和发展，使这条陆上丝路重放异彩，再度辉煌。

汉武帝时就已开通了南海海上丝绸之路，开展了以今斯里兰卡岛为中介港的东西方丝绸贸易活动；以后在南北朝时期又有了新的发展，已能越过印度洋到达阿拉伯海、波斯湾，可以与阿拉伯国家直接进行丝绸交易。与此同时，早在东汉时，西方罗马帝国就已派遣使臣直航来到中国。到了唐代，东西方的航海家、商人在这条航线上已积累了丰富的航海经验，不断改善了所使用的船只，海上航行基本上已畅通无阻了。尽管如此，但在唐代中叶以前，东西方交通基本上仍以陆上丝路为主。

由于陆上丝绸之路有很大局限性，除了沿途自然条件比较险恶，需要经过茫茫戈壁沙漠、翻越崇山峻岭外，更为严峻的是受到西域各国政治形势变化的影响而经常受阻中断。早在西汉刚开辟陆上丝路时，就曾“三绝三通”；到了魏晋南北朝时，基本上已梗塞不通了；即使在唐代，由于7世纪唐朝灭东、西突厥的军事行动，7、8世纪唐朝与吐蕃争夺西域战争，8世纪中叶唐朝与黑衣大食在怛逻斯城（今吉尔吉斯斯坦的塔拉斯）的军事冲突以及大食对波斯、吐火罗、安国、拔汗那等国的军事扩张行动等，都使陆上丝路通行受到影响，不得不避开战祸区绕道而行。尤其是唐代后期，安史之乱以后，吐蕃势力扩展到陇右河西地带，终于迫使这条陆上丝绸之路完全中断了。

通过海上丝路，不仅可以克服陆上丝路上述的种种局限，而且还有很多有利之处，如陆上运输工具主要靠马匹、骆驼等，运载能力有限，运输量少，费用高，消耗大，运输时间长；而海上运输船舶运载量大，费用低，损耗小，运输时间短。再说自宋代以后，我国政治中心移向东部地区，与东南沿海地区有南北大运河沟通，而我国出口的大宗物品丝绸、瓷器、茶叶等主要产地也在东南地区，通过内河运输到达沿海港口城市十分便捷，这样便于进出口物资的集散。此外，陆上丝路对外发展有一定局限性，它只是向内陆方向发展，即不断地向西发展；至于向东去日本，向东南亚地区、印尼、菲律宾以及向非洲、美洲等地区发展就有一定困难，而海上丝路通过海洋联系，相对要自由得多，辐射面要大得多。

更为重要的是，自唐代中叶以后，我国的经济重心开始向南方转移。史书记载，安史之乱以后，北方大批有识之士避于江南，使江淮地区经济获得空前发展。《资治通鉴》记：北方地区藩镇割据，“不供贡赋”，“国家用度，尽仰江淮”。一些文人志士也都指出：“赋之所出，江淮居多”；“今天下赋，江南居十、九”；“天下大计，仰于东南”。从赖以出口的大宗商品丝绸、瓷器、茶叶等来看，东南地区发展很快。当时盛产丝织品的地区，除了北方河北、河南以外，主要在南方的江南、淮南、剑南、山南等地；以越州为例，唐开元年间的贡品仅有交绫、白纱，可是到了唐代后期，《元和郡县志》中记："凡贡之外，别进异文吴绫及花鼓歇、单丝吴绫、吴朱纱等纤丽之物，凡数十品。"说到瓷器，唐代以北方邢窑的白瓷与浙江越窑的青瓷最为著名。白瓷胎质薄，釉质洁白细腻，胜似霜雪；青瓷似玉如冰，釉为翠色，晶莹光亮可以照人。陆羽在《茶经·之器篇》中，认为越州为上。并对青、白两瓷作了比较："或以邢州处越州上，殊不为然。邢瓷类银，越瓷似玉，邢不如越一也；若邢瓷类雪，则越瓷类冰，邢不如越二也；邢瓷白而茶色丹，越瓷青而茶色绿，邢不如越三也。"当时越窑青瓷名扬四海，远销世界各地，今在日本、朝鲜、泰国、越南、柬埔寨、印度、巴基斯坦、斯里兰卡、伊朗、沙特阿拉伯、也门、埃塞俄比亚、索马里、肯尼亚、坦桑尼亚、西班牙等国都出土有越窑青瓷碎片，其中日本最多，仅博多港的鸿胪馆遗址就出土越窑青瓷 2500 片。唐代后期我国产茶地区遍布江南各地，陆羽的《茶经·之出篇》列举当时茶的产地：山南、淮南、浙西、浙东、剑南、黔中、江南、岭南各道。其中以峡州、光州、湖州、越州等地所出之茶，被列为上等。江南经济发达为海上丝绸之路的兴盛提供了坚实的物质基础。

再从唐代造船业的发达来看，自隋炀帝开通南北大运河以后，隋唐时期水上运输十分发达，造船技术也有了很大提高。据《资治通鉴》记载，唐代主要造船基地有：宣州（今安徽宣城县）、润州（今江苏镇江市)、常州(今江苏常州市)、苏州(今江苏苏州市)、湖州(今浙江湖州市)、杭州(今浙江杭州市)、越州(今浙江绍兴市)、台州(今浙江临海县)、婺州(今浙江金华市)、江州(今江西九江市)、洪州(今江西南昌市)等州及剑南道(今四川成都市)沿江一带;以及沿海的登州(今山东蓬莱市)、莱州(今山东掖县)、扬州、福州、泉州、广州、交州等。不难看出,全国造船基地基本上都在东南沿海地区。在造船技术方面,隋代杨素在永安(今重庆市奉节县)造"五牙"战舰,船上起楼五层,高百余尺,可载战士八百人。唐代造船技术已居世界领先地位,已能造出当时世界上最大的海船。隋唐造船业已广泛采用钉榫接合技术,并建有多道水密隔舱,不仅能抗风浪,而且可以抗水沉,保障远洋航行的安全。当时的阿拉伯商人来华,都愿乘中国船,如一时中国船未到,他们也愿耐心等待。唐代东南地区造船业发达及先进的造船技术水平,为海上丝路的发展创造了有利条件。

唐代海上丝绸之路的兴盛另一个重要原因是与隋唐时期对海外贸易采取一系列保护、鼓励政策有关。隋炀帝时,他接受了裴矩的建议,对来华贸易的外商,予以热情接待,令洛阳城内"三市店肆皆设帷帐,盛列酒食,遣掌蕃率蛮夷与民贸易。所至之处,悉令邀延就坐,醉饱而散"。这里的外来客商,除了从西域由陆上丝路来的外,自然也包括由海上丝路来的海外使臣与商人。如此热情款待,积极支持的态度，当然招徕更多的海外客商来华。唐代为了鼓励和保护海外客商在中国经商的利益，特在重要港口设立了市舶司机构，它类同于以后所设的海关，派宦官担任市舶使，专门负责管理海外贸易中有关各项事宜，在广州还选派了“岭南帅”加以监督，加强这方面的管理。规定对进口货物基本上只“抽解一分”，即抽十分之一的税。并予以种种保护，如抽完税后，出具证明让他们可以到全国各地去自由贸易；如在途中丢失了货物，当地官员要帮助寻找；如客商死在境内，官府有责任负责保存其货物，待其亲属来认领。特别是在大和八年（834 年），唐文宗还为此专门发布了一道旨令：南海来的外国商船，都是慕名而来，理应对他们宽厚热情接待，使他们感到高兴。但也听说有人对他们多加征收，使他们有所不满，怨声载道，对此深感不安，时而同情忧虑，以示关怀。对岭南（指广州）、福建（指福州、泉州）及扬州的外来客商，应由当地的最高行政长官节度使或观察使经常加以关心问候。除了应缴的税外，不得再加重税率，应让他们自由交易，随意来往流通。当时阿拉伯商人苏莱曼来华经商后，写了一部《苏莱曼东游记》。在书中苏莱曼夸赞唐朝政府对外国商人，“从来不肯错待的”。还记下当时一个伊拉克商人在中国做买卖时，因与太监争价，货被没收了，他便设法化装去见了皇帝，告了太监，不仅退回了货物，那太监居然被惩处了。如此开明的政策，大大促进了海外贸易的发展。

唐代以前海上丝路虽有不断发展，但对外贸易活动及文化交流活动主要还是通过陆上丝路进行，而海上丝路只是为统治者提供一些海外珍奇品而已，与国计民生关系不是很大，社会影响也微乎其微，不太为人们所重视。而唐代如此重视和支持海外贸易后，大大促进了海上丝路的发展。自唐代中叶陆上丝绸之路被阻隔后，海上丝绸之路便取代了它，从而对外贸易活动便主要通过海上丝路进行了。特别是自唐代开设市舶司以后，开始对进出口物品正式征收关税，从此市舶税收成为国家财政收入的一部分，而且随着海外贸易的日益繁盛，这部分的税收在国家财政收入中所占比例越来越高。同时随着海外交通的发达，中外经济文化交流日趋繁荣，对社会的影响也越来越大。所以海上丝路的发展，无论对国家、对社会，还是对人民生活都有着密切的关系，愈来愈受到人们的重视。

2 南海航路的大发展

我国东南地区经东晋、南朝近三百年的开发，经济有了很大发展，到隋朝统一全国以后，国力大盛，据《隋书·食货志》记载：到开皇十七年（597年）时，不仅户口大增，仓库充实，而且京城钱库存放不下，甚至堆积于廊庑之下。加上隋代造船技术有了很大提高，于是促使隋炀帝大力开发南方海外交通，“甘心远夷，志求珍异”。大业元年（605 年）派大将军刘方平复交州，经略林邑（今越南东南部），率军抵达林邑海口，击败林邑王象队。此后南洋一些国家如真腊（今柬埔寨一带）、婆利（今印度尼西亚的巴厘岛或加里曼丹岛）、丹丹（约在今马来半岛中部）、盘盘（约在今马来半岛北部）等国均遣使来隋入贡，隋朝予以厚礼，并遣使出访。

其中以常骏出使赤土国（在今马来半岛西岸梅尔博河下游）最为著名。大业三年（607 年）常骏等自告奋勇出使赤土国，赍物五千段，以赐赤土王。他们从广州出发，过越南海岸后，再沿暹罗湾海岸线航行，先望见狼牙须国（今马来半岛中部北大年一带），南达鸡笼岛（今吉兰丹），然后即达赤土国。他们受到隆重欢迎，有 30 艘船迎接，敲锣打鼓欢迎。经过月余抵达其都，国王设乐盛筵招待。回程时国王特派王子那邪迦随常骏带了许多回赠礼品来隋，回程中未绕暹罗湾，仅“浮海十余日，至林邑东南”。直到大业六年（610 年）他们到达弘农（今河南灵宝）谒见隋炀帝，受到大量赏赐。常骏等回国后曾著有《赤土国记》二卷，可惜已失传。

唐代不但国力强盛，而且国威显赫，是当时举世最强大国家。凭借它的实力和威望，采取了广泛而又全面的对外开放政策，因此海陆两条“丝绸之路”都得到了空前的发展，进入了全面繁荣时期。前期陆上丝路的繁荣较为突出，而后期海上丝路替代了陆上丝路地位，发展尤为显著。中国远洋船队不但能越过印度半岛，直航阿拉伯海及波斯湾，而且还首次航抵红海和非洲东海岸。当时的北印度洋上，经常来回穿梭着中国大型远洋航船。

当时与东方强大的唐帝国遥相对应的，在西方正崛起一个古阿拉伯帝国，中国史籍中称之为大食帝国。大食国南临印度洋，东滨波斯湾，西面是红海，北部紧靠地中海。他们习惯于海上生活，历来擅长航海运输，地处亚、非两大洲之间，是东方与西方的交通枢纽，与中国有着长期友好交往。据我国史书记载，自唐高宗永徽二年（651 年）开始正式遣使入唐，至唐德宗贞元十四年（798 年），其间 148 年中，共遣使来华 39 次，平均四年不到来使一次，当然其中有时一年来几次。何况这些来使并非都走海路，其中有的是从陆上丝路来的。750 年阿布·阿巴斯推翻了原先的倭马亚王朝（中国史书称之为“白衣大食”），新建阿拔斯王朝（中国史书称之为“黑衣大食”）。黑衣大食不仅仍然频频遣使来唐，而且在安史之乱时还派兵来唐平乱，这些来唐士兵，有的后来定居我国西北地区，成为后来西北穆斯林的一部分。而白衣大食后来在伊斯兰西部辖区维系到 1009 年，在上元元年（760 年），曾遣使来唐，受到热情款待。

值得一提的是，851 年，曾有一位无名作者写了一本《中国印度见闻录》，记载了一些当年的阿拉伯商人从海路来唐的见闻。从中可见从 8 世纪中叶到 9 世纪中叶，中国与西方的贸易活动，特别是从阿拉伯半岛到印度间的贸易，几乎全为阿拉伯人所垄断。当时波斯湾的重要港口，由于幼发拉底河淤塞变浅，逐渐从希拉移到了俄波拉，后又移到相邻的巴士拉，到9世纪再移到士罗夫，此港毁于977年的地震，遗址在今伊朗塔昔里港附近。中国商船到过的地方还有苏哈尔、马斯喀特、巴林、阿曼等。该书记载："至于船舶的来处，他们提到货物从巴士拉、阿曼以及其他地方运到士罗夫，大部分中国船在此装货。"因为当时中国的商船装载量大，吃水深，其他港口水位较浅，需用小船把货先运到尸罗夫，再转装到中国船上。

在阿拉伯帝国东面尚有伊朗国，即汉代张骞通西域时的安息，它与我国一直有着密切的往来，曾是陆上丝路中我国与西方进行丝绸贸易的中间商，从中牟取暴利。到了唐代，随着水陆交通的发展，两国间的交往更为发达。由于西突厥占领了中亚地区，波斯人在中亚地区不能再称雄了，便转向海上把持印度洋海面贸易活动，直到8世纪后阿拉伯人才与其竞争。开始他们就近从锡兰（今斯里兰卡）转运贩卖，后直接来到广州购货。虽然在642年时，其国王叶兹底格德三世（即《唐书》中的伊嗣侯）被阿拉伯人赶出了伊朗，但其国虽亡，而部众犹存。其国王与唐仍保持着密切联系，仅据我国史籍所载，从贞观十三年（639年）到大历六年（771年）的132年间，共遣使来唐34次，平均不到四年来使一次。当然其中有的所谓"来使"，很可能是波斯商人假借名号而已。在唐代史料和唐人小说中不乏有波斯胡商的记载，往往将波斯与大食并称。在首都长安就有许多波斯胡寺及胡店，其中一部分可能从陆上丝路而来；沿海扬州、广州等港口的波斯胡店更多，有不少波斯、阿拉伯人居住在那里，潮州也常有波斯船舶到达。

唐代海上交通发达，从海路去印度求法取经的高僧不乏其人，其中义净最为著名，他比从陆路去的玄奘约晚半个世纪，他是第一个往返都走海路的西行取经的高僧。义净俗姓张，字文明，他于咸亨二年（671年）从广州出发，先到佛逝（今苏门答腊东南巨港一带），这里是古代南洋航海枢纽，佛教中心地之一。在此停留了6个月；然后穿过马六甲海峡，来到末罗瑜国（在今马来半岛西南海岸占碑一带），停了两个月；再转向竭荼（今马来亚旧吉达港一带）；又北行十余日至裸人国（今尼科巴群岛）；再行半个月，最后到达印度东北海岸恒河河口著名港口耽摩立底国（即《法显传》中的多摩梨帝国，在今印度加尔各答西南）。他在印度留居"十载求经"，先后游历了摩揭陀国、毗舍离国、拘夷那竭和波罗夸城的鹿苑与鸡岭等地的古刹名寺，取得许多梵文藏经，所获甚丰。于垂拱元年（685年）离开耽摩立底国那烂陀寺登舟东归。又在佛逝留居多年，中间于永昌元年（689年）曾回广州一次，补充纸墨，当年返回佛逝继续抄译经文，直至证圣元年（695年）起程回国。他在归国途中，以其亲身经历撰写了《南海寄归内法传》和《大唐西域求法高僧传》，详细记载了南海航行的地理情况及西行求法的高僧们传记。其史料价值不亚于《法显传》和玄奘的《大唐西域记》。特别是它第一次解释"昆仑"似不专指一地，提出是指卷发黑身人总称的意思。

据历史记载，中国第一个到达阿拉伯半岛的是唐代的达奚弘通（又名达奚通），他在唐高宗上元年间（674～675年）曾从马来半岛的吉达港出发西航，历经36个国家，直抵阿拉伯半岛南端的希辛戈拉港。他回国后，曾著有《海南诸蕃行记》，可惜已佚；加上史书记载过于简略，详情不清。

说到中国与非洲的友好交往，不得不提及唐代的杜环，他是我国第一个到达非洲进行实地考察的旅行者。他于751年随安西节度使高仙芝大军西行。他在怛逻斯战役中被俘后，从中亚到了阿拔斯的首都苦法（今伊拉克的纳杰夫）。他真实地记下了该城的繁荣景象："郛廓之内，里闬之中，土地所生，无物不有，四方辐辏，万货丰贱，锦绣珠贝，满于市肆，驼马驴骡，充于街巷。"随后他在阿拉伯国家居留了12年，他从西亚到达了北非的摩邻国（阿拉伯人称之为"马格里布"，即今摩洛哥一带）。直到宝应元年（762年）才从波斯湾搭乘商船回到广州。回国后他将这段经历写成《经行记》，可惜该书早已散佚，现仅在杜佑《通典》中能见到摘引的部分内容，虽然只是一鳞半爪，但它是我国最早对阿拉伯世界亲身见闻的记录，极为珍贵。如对伊斯兰教习俗的生动描述："不食猪狗驴马等肉，不拜国王父母之尊，大信鬼神，祀天而已，其俗每七日一假，不买卖，不出纳”；“断饮酒，禁音乐；人相争者，不殴击；又有礼堂容数万人，每七日王出礼拜，登高座，为众说法”。著名学者陈垣认为“此种记载在唐以后中国书中言回教者，实未见有此清楚”。杜环摩邻国之行，其间访问了今埃及、苏丹、埃塞俄比亚等地。

唐代南海航路具体走法，由唐代著名地理学家贾耽在贞元年间（785～804 年）作了很好的总结，撰有“广州通海夷道”，后附载于《新唐书·地理志》之后。它详细记载了从广州出发，经南洋各地和斯里兰卡及印度西岸，到达忽鲁谟斯的乌剌，此为东路航道，全程航期约 90 天；从乌剌向西再行 48 天，直到非洲东部今坦桑尼亚的达累斯萨拉姆，此为西路航道。这条航线把东亚、东南亚、南亚、波斯湾及东非等地都连起来了，开始了洲际间航行。它是当时举世航线最长，航区最广，规模最大的航路。连一些擅长航海的民族，如波斯人、阿拉伯人、印度人、南洋人等，都没有如此宏大气魄，不少学者指出：“应该承认中国人在开导阿拉伯人近东航行中的贡献”；“波斯湾的商人乘坐中国的大船才完成他们头几次越过中国南海的航行。”（见图 4）

3 陶瓷之路

自西汉开通西域通道，沟通与中亚地区的陆上交通

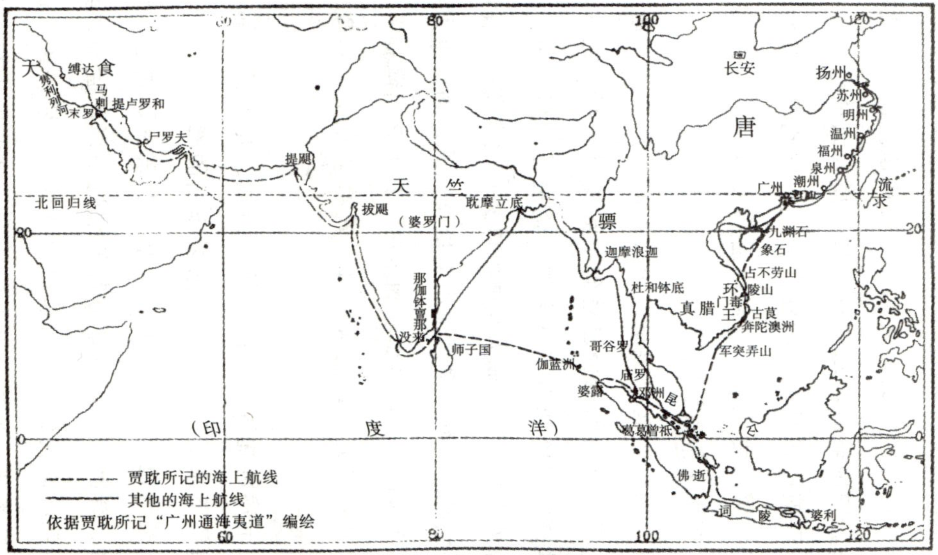

图 4 唐代和印度洋的海上交通

以后，因中国以输出丝绸为主，后来人们称之为“丝绸之路”。以后又开辟了海上通道，也基本上以输出丝绸为主，故亦称作“海上丝绸之路”。自唐代中叶以后，海上丝绸之路取代了陆上丝绸之路的地位，成为我国对外进行经济文化交流的主要通道。而从唐代中叶以后，中国航海活动的目的和性质与以前已大不相同了，以前历代是以政治外交为主，自此以后开始转向以经济贸易为主了。这对以后宋元时期的海路交通大发展产生了很大影响。

我国陶瓷业起源很早，历代都有发展，到了唐代后期，我国烧制的陶瓷已达到世界先进水平。尤其是北方邢窑的白瓷和南方越窑的青瓷更是闻名天下，开始向海外大量输出，成为我国出口又一大宗商品。在海外贸易活动中，除了继续输出大量丝绸外，陶瓷也大量出口到南海诸国，以至于非洲东岸。日本著名陶瓷专家三上次男经研究后，把这条海上丝路又称作“陶瓷之路”。

在上述贾耽所记的南海航路沿线，几乎到处都有当年遗留下来的陶瓷碎片。远至非洲的摩加迪沙、布腊瓦、桑给巴尔、马菲亚岛、基尔瓦群岛、格迪、坦桑尼喀、奔巴岛等不少地方都发现过中国的瓷器，其中有些就属唐代的。特别是在埃及首都开罗城南郊的福斯塔特遗迹，那里是开罗的前身，是继巴士拉和苦法之后，于642年兴建的城市，是当年尼罗河流域的中心城市，经1912年和1964年、1966年的多次发掘，出土陶瓷碎片有六七十万片。其中中国陶瓷片约有1.2

万片，当中就有许多是唐代越窑青瓷和邢窑白瓷，而且是品质极佳的精品。

在伊朗内陆的东西交通要道上的中世纪都市遗址内沙布尔（马什哈德附近）、米纳布（霍尔木兹附近）、赖伊（德黑兰附近）等地，以及波斯湾沿岸和东非沿岸港口遗迹中，也出土了数量相当的越窑青瓷碎片，其质量不及福斯塔特的好，大都是普通产品。在伊拉克的萨马拉遗址也发现有唐三彩、绿釉、蓝釉和白釉、青釉等唐代外销陶瓷。在波斯的萨麻拉遗址也发现越窑青瓷，该地于公元 838 年成为废墟，而这里发现的碎片，经研究被认为与浙江余姚上林湖所发现的完全相同。

同样在印度、巴基斯坦也都发现有唐代的瓷器。印度的迈索尔邦博物馆藏有晚唐五代的越窑青瓷和长沙窑瓷，印度南部科罗曼德海岸的本地治里南面的阿里卡美都，出土了唐末五代的越窑青瓷碟残片。斯里兰卡发现大量中国陶瓷，其中就有唐时越窑青瓷碗的残片。在巴基斯坦的布拉明拉巴德遗址，曾是 7 世纪以后的大城市，后于 1020 年毁于地震而成废墟，19 世纪曾发掘出很多陶瓷片，后经英国哈布森氏鉴定，有四片属于中国的，其中一片为越窑青瓷，并是唐代式样，另两片是邢窑白瓷。在卡拉奇东面的旁浦尔遗址发现晚唐越州窑瓷水注和同期的长沙窑大碗破片。这种黄褐色釉瓷在产地中国并不为人们重视，但在这里被发现，说明在 9 世纪时，有一条把印度尼西亚和伊朗相连接的陶瓷之路。

至于在东南亚地区及菲律宾、婆罗洲（加里曼丹）、西里伯斯、爪哇和苏门答腊等地所发现的中国陶瓷几乎比比皆是，为数庞大，而且不少类型很少见过，多为私人收藏家和国立博物馆所收藏。如雅加达国立博物馆的收藏，是以弗利纳斯氏的数千件搜集品为基础，其中除了唐末以后的中国陶瓷外，还陈列2世纪到8世纪的中国陶瓷，并都标明在爪哇和苏门答腊等地的出土地点。马来半岛上出土的中国陶瓷收藏在新加坡大学和新加坡国立博物馆（即前拉富尔兹博物馆）中。

尽管在世界各地发现的多是陶瓷碎片，但其历史价值是难以估量的。正如三上次男所深刻分析的："尽管中国的丝绸享有盛名，但是却很少有作为遗物保留下来的，几乎不能在研究工作中起什么作用。在这方面，陶瓷却是难能可贵的资料。因为陶瓷器即使损坏也不致腐烂，仍能依旧地残留在遗迹里。"他还形象地表示了自己对这些破片的情感："正因为是破片，所以它们不像完整品那样傲慢和盛气凌人，每一片都很平易近人，谁都可以去捡拾它。从它的亲切之情中，我们享受到了非完整品所特有的愉快和破片的优美感。"

精美的陶瓷器既沉又易碎，陆上靠骆驼、马匹运输，确有诸多不便，不仅运量有限，而且极易破碎；而在海上运输，既可压舱，又不宜损坏，所以海上交通对陶瓷运输十分有利。大量陶瓷通过海上丝路输出，在唐代还刚刚开始，随着海上交通的发达，海外贸易的兴盛，在以后的长期历史发展中，它在东西方的经济文化交流中所起的作用愈来愈大。在东西方文化交流中，三上次男先生说得好："文化交流的主流，难道确实只是'由西往东'的吗？……从古代到中世纪的中国丝绸贸易和中世纪以后的陶瓷贸易，都是自东向西的文物交流的绝佳例子。"我国古代沟通东西方物质文化交流的通道，说是"丝绸之路"也罢，"陶瓷之路"也罢，充分反映了我国物质文化发达对人类文明所作出的巨大贡献。

4 中日交往的高潮

由于隋唐统一了全国，结束了长期混战分裂局面，经济文化得到了迅速发展，许多方面在世界东方居于领先地位，对周边国家产生很大影响。与此同时日本也初步得到统一，正处于由奴隶制度向封建制度转化的过渡期中，迫切需要先进的文明因素来加速其社会发展，他们怀着"万事悉仿效之心"，设法来中国吸收各方面的优秀文化。所以日本政府以统一政权的官方名义，正式派遣使团来中国学习，这就是"遣隋使"和"遣唐使"。

从开皇二十年（600 年）日本倭王第一次派出遣隋使，到大业十年（614 年），其间 14 年中，倭王共遣使四次，隋朝也遣使回访一次，可见双方友好交往频繁，超过以往历代。其中以大业三年（607 年）小野妹子来隋最为突出，他带来的倭王国书中，他们自称为“日出处”，而称隋朝为“日没处”。这大大地损伤了隋炀帝唯我独尊的尊严，很不高兴，但为了顾全大局，还是以礼相待。并在他回国时，派遣了裴世清等13人回访了倭国。裴世清去日本所走的路线，基本上还是以往的航路：即从朝鲜半岛东南角，越过济州岛、对马、壹岐，先到紫筑，再穿越濑户内海到达难波港（今大阪）。当他们来到难波时，受到热烈而又隆重的欢迎，港内排列着30艘装饰得五彩缤纷的彩船，鼓乐齐鸣，热闹非凡，数百人夹道欢迎，将他们迎入特意为隋使到来专门兴修的迎宾馆。过了一个多月倭王举行了盛会，召见了裴世清一行，双方交换了礼品，盛况空前。在他们回隋时，再次派遣小野妹子陪同送行。

当时日本频繁地派遣“遣隋使”，除了与隋保持友好关系外，其主要目的是为了掌握佛法和学习文物制度。与遣隋使同行的还有一些留学僧侣或留学生，他们一般都是早先中国移民的后代，来华学习在语言等方面有其优势。他们在中国学习时间一般都很长，有的达二三十年，正好经历了隋代的灭亡和唐王朝的兴起，在这当中他们学到了很多东西。回国后对后来日本社会变革起了很大作用，特别是在645年大化革新中，这些留学生积极参与策划，学习隋唐中央集权制度，在日本建立起以天皇为首的大一统封建国家，完成了从奴隶制向封建制转化，并在新政权中担任了要职。

唐代经济高度繁荣发达，文化空前隆盛辉煌，使日本各界颇为赞叹向往，朝野上下都醉心于学习和模仿，形成一股狂热的学习高潮。623 年，由唐归国的隋时留学僧惠齐、惠日等人向天皇报告，大唐帝国法律制度最完备，建议应常派使节赴唐学习。于是从 630 年正式向唐派出第一批遣唐使起，到 894 年停派为止，264 年间共任命了 19 次遣唐使，其中有 3 次未能成行，有 3 次为送唐客使，1 次是迎入唐使，实际真正派出的遣唐使为 12 次。通过如此频繁的遣唐使往来，把中日间的友好交往推向了高潮。

遣唐使是国家级的大型外交使团，相当于现在的特使性质，他们肩负着特殊使命。按派遣的目的、规模、航路等情况，大致可分为三期：初期、盛期、后期。

初期为第 1 次至第 7 次（630～669 年），其间平均不到 6 年来一次；规模不太大，每次约 200 多人，分乘两船，每船约 120 人左右；基本上都走的是北路，因需经过新罗，故又称为“新罗道”，即以往所走的路线，从难波过濑户内海到筑紫出海，经过壹岐、对马到朝鲜半岛西岸，顺沿海岸来中国。初期从遣使目的来看，又可分前后两期，前期为第 1 次至第 4 次，实际是遣隋使的延长，主要是来中国学习典章制度和佛法；后期为第 5 次至第 7 次，其中第 5、6 次为送唐客使，而且第 6 次仅至百济而还，未入唐，所以有的文献记载不算这次。这时期主要是为当时朝鲜半岛上的角逐，防止唐朝政府出兵袭击日本，出于外交目的。

盛期为第 8 次至第 11 次（702～752 年），其间平均不到 13 年来一次。这时期正是大唐盛世，国力最强，日本方面也正在大化革新之后，国家各项制度需要逐步健全完善，这就不再满足以往模仿学习，需要进一步深入而又全面地学习唐文化精髓。所以遣唐使的规模也扩大了许多，每次人数增加到五六百人，分乘四船，日本称之为“四舶”。以后这“四舶”成了“遣唐使”的代名词，在文学作品中常被引用。这时期遣唐使所带的一些留学生、学问僧中，涌现了一批颇有成就的著名人物，诸如阿倍仲麻吕、吉备真备等。这时期由于日本与朝鲜半岛南端的新罗关系紧张，遣唐使不能再走以往的“新罗线”了，于是新开辟一条南岛线。即从紫筑入海，经肥前国的松浦郡，再经天草岛，顺萨摩（即鹿儿岛）海岸南下，循种子岛、屋久岛、奄美岛等，然后横渡东海，来到长江口的扬州或杭州湾的明州（今宁波市）。这条航路风险较大，航期也不短。著名的鉴真和尚东渡就是走的这条路线。当时日本在南岛沿线各岛上均设立标牌，将岛名、去往各处的航程及泊船和汲取淡水地点等都标注得清清楚楚，实际是“航路指南”，说明这条航路来往船只很频繁。

后期为第 12 至第 19 次（759～894 年），其中第 12 次为迎入唐使、而第 13、14、19 三次均未成行，实际入唐仅 5 次，平均 27 年 1 次。此时已在安史之乱之后了，唐朝国力已大衰；而日本方面虽表面仍沿袭惯例，继续不断委派遣唐使，其规模仍然很大。最后一次（第18次）人数甚至多达651人，然而实际上积极性已大为衰退。其表现在，相隔时间越来越长；贵族们既无早先那种强烈求知欲和使命感，又产生畏难怯生念头，往往力求逃避，所以有三次任命后而未成行，这是前所未有的；再说这时期的留学生、学问僧学习时间也大大缩短了，甚至改派成请益生和请益僧，他们在入唐之前，往往在某个专门领域已有一定程度的研究和造诣，去唐只是进一步研修而已。进而出现还学生和还学僧，他们是由被任命为使团成员兼请益的，学习研修时间更短，往往随遣唐使团一起返回。这时期的航路改为南路，又称作“大洋路”，即由博多出港，先到长崎以西值嘉岛（即今五岛列岛）等候顺风，然后横渡东海，直达扬州或明州。这条航路中间停留少，航程最短，一般10天左右即可到达，若顺利的话就更快了，如847年海商张支信仅用3天就到达值嘉岛，创造了最新纪录。只是这条航线风险也最大（见图5）。

实际上在中国史籍《新旧唐书》、《册府元龟》中，这期间还记有7次来使，如：景云二年（711年）“遣使来贡”、天宝十四载（755年）“遣使朝贡”、大中二年（848年）“王子入朝献方物”、大中七年（853年）“王子来朝献宝器”等。这些也是日本来使，为增进两国友谊作出了积极贡献。

有唐一代与日本的贸易活动主要通过遣唐使进行的，它主要是通过朝贡形式来表现，具有官商性质，其目的主要为了相互交流，并不注重盈利。每次遣唐

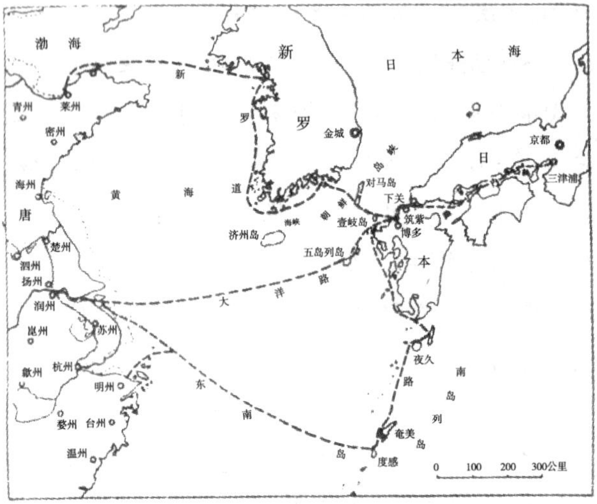

图5　唐代中日的海上交通

使来唐都带有大批贡品，在他们回去时，会得到更多的回赐礼品，当然这些物品不会直接进入市场，只是满足一些上层人物的需要。从日本颁布的《延喜式》记载来看，送唐的贡品主要是日本的特产：有银、出火水晶、出火铁、玛瑙、海石榴油、甘葛汁、金漆及多种纯、绵、纻布等；唐朝的回赐礼品主要有彩帛等贵重丝织品、唐三彩等陶瓷品、经卷、书籍等“国土宝货”。到9世纪末，一方面大唐经济凋敝，农民起义四起；同时日本财政日趋支绌，国内局势也不稳，所以第19次遣唐使虽已任命，最后不得不废止。

实际上当时除了遣唐使这种官商外，还有民间私商活动；只是在遣唐使活动时期不太兴盛，主要由新罗商人作中日间的中介商。如第18次遣唐使回国时（840年），他们雇用了9条新罗商人的船，这次一些随员在中国市上购置了许多香药等商品，同时新罗商人也带了许多商品，以至船到生月岛后，日本朝廷指令将这些货物陆运到都城，在建礼门前搭起三个帐篷，设立宫市，向臣下平民标卖唐朝的杂货。实际上这是最后一次派出的遣唐使，此后我国商人纷纷赴日进行民间贸易。据不完全统计，从 841 年至唐亡前的 893 年，52 年间唐商船往返 30 余次，他们运去的商品主要有：佛像、经卷、书籍、药品、香料、瓷器、高级丝织品、手工业品等。日本方面虽明令禁止入境，但有走私船来后，不得不让“所赍之物，任听民间令得回易”，等商品售完再使他们速归，以满足贵族们对唐物的需求。当时唐商船主要在博多港和大宰府附近进行贸易，许多皇族、贵族为了能争先购到奇货，京畿豪门纷纷在大宰府附近和鸿胪馆所在地的博多湾建造宅邸，使这地区成了私人贸易市场。以至五代十国时，主要由吴越国商船继续与日往来，甚至两国间书信往来也通过商人转递。从唐亡至宋建国 50 多年中，吴越国商船往返约 15 次，平均 3 年多一次；可是，这时期未见有日本商船来中国贸易的。

随遣唐使团来到中国为数众多的留学生、学问僧，他们刻苦学习，潜心钻研，其中不少人取得了卓越成就，为中日文化交流作出了杰出贡献。特别是在中、后期来唐的更为突出，如阿倍仲麻吕、吉备真备、空海、圆仁等；以及受来唐学问僧邀请，屡经磨难，坚贞不移地东渡传经的唐高僧鉴真。他们通过海上丝路，谱写了中日友好的不朽篇章，他们可歌可泣的事迹，使中日交往达到了高潮。

阿倍仲麻吕（698～770年），中国名字称朝衡、晁衡，字巨卿或仲满。他于717年随第9次遣唐使经南岛路入唐，于扬州登陆，同年十月到达长安，受到优厚的接待，进入了中国最高学府国子监中太学学习。经过近十年的刻苦学习，于727年以优异成绩考中了进士，并出仕唐朝，担任左春坊司经局校书。因他德才兼备，才学出众，备受唐玄宗李隆基的器重，先后升任左拾遗、左补阙、秘书监等职。他广交诗友，与许多著名诗人结下了深厚友谊。他本身就具有很高诗赋修养，经常与中国诗人们唱和赠答，留下了许多传世佳作。当734年第10次遣唐使即将回国时，他向唐玄宗提出东归省亲请求，他的中国诗友们闻讯后，都依依不舍，纷纷赠诗怀念。鉴于他才华过人，唐玄宗没有批准他回国，与他同来的吉备真备等获准回国了。他只能赋诗："慕义空名在，偷忠孝不全。报恩无有日，归国定何年？"寄托游子思乡之情。以后到752年，第11次遣唐使来唐，唐玄宗命他负责接待，这次副使是他同学吉备真备，故友重逢，格外亲切。当他们第二年准备回国时，此时阿倍仲麻吕已离故土36年，他再次奏请与使团同行回国，唐玄宗不便再留，于是擢升他为秘书监兼卫尉卿，以中国陪送使身份陪送遣唐使一起回国。当他即将离别第二故乡中国时，特作《衔命将辞国》一诗："天中恋明主，海外忆慈亲。西望怀恩日，东归感义辰。"充分表达他既怀念祖国和亲人，又留恋中国皇恩和友人的矛盾心理。不巧他所乘的那船，途中被漂到安南驩州（在今越南河静省），险遭遇难。此时人们只知该船失踪，以为已经遇难，他的好友闻讯都很悲痛，纷纷赋诗吊唁。李白含泪写了《哭晁卿衡》："日本晁卿辞帝都，征帆一片绕蓬壶。明月不归沉碧海，白云愁色满苍梧。"比喻他如同一轮明月沉没碧海，令人忧愁悲哀。所幸他历经艰险，于755年又回到了长安，继续在御前奉侍，至770年在长安谢世。他历经玄宗、肃宗、代宗三朝，目睹大唐帝国由盛转衰，把毕生精力献给了中国，最后埋骨唐土，值得中日人民永远纪念。1970年，在他逝世1200年之际，为了纪念他对中日友好所作贡献，在西安兴庆宫公园东南隅长庆轩畔屹立了阿倍仲麻吕纪念碑，并建造了纪念堂。

吉备真备（695～775年），他与阿倍仲麻吕同船来到中国，他未入国子监太学学习，而被安排在鸿胪寺学习儒家经典。他刻苦好学，兴趣广泛，除了学五经、三史以外，还钻研了明法、书法、算术、天文、历学、兵事、礼仪、音韵、建筑等等实用之学。在唐学习了17年，在第10次遣唐使回国时，与他们一同回国，把在唐所学知识，报效祖国，在教育、军事、吏治等方面都很有建树。但他依然仰慕大唐盛世，19年后当再派遣唐使时，他再三恳求，终于获准，并任副使来唐。再次与阿倍仲麻吕聚首相会，并同行归国，未料途中船队冲散，阿倍仲麻吕未能如愿。他回国后继续参与军政要事，官至右大臣，进正二位，直到775年与世长辞。他将在唐所学的知识，广泛应用于各个方面，多有创新，诸如中国围棋就是由他带入日本；民间传说日本的“片假名”就是由他取汉字楷体偏旁而创造。所以他一直受到日本人民的崇敬。

空海（774～835 年），佛教法号为遍照金刚，谥号弘法大师，俗姓佐伯。18 岁入大学博览经史，20 岁出家，22 岁受戒于奈良东大寺戒坛院，命名空海。他读了密宗经典《大日经》，难以理解其真谛，多方求教仍不得要领，决心赴唐留学。804 年随第 17 次遣唐使西渡，与最澄、橘逸势同行，于福州长溪县赤岸镇海口登岸，年底到达长安。次年二月遣唐使准备回国时，空海被敕准留学，改住西明寺。他来唐主要目的就是为了探寻密宗疑难，当他得知青龙寺高僧、三朝国师、真言宗（密宗）第 7 代传祖惠果大名后，即去拜他为师。师徒一见如故，惠果积极指其妙赜，教其密藏，空海刻苦钻研，在惠果直接传授下，很快承袭了真言密宗的衣钵，授他灌顶礼，赐以佛教法号“遍照金刚”。他本打算在唐学习 20 年，因受恩师教诲“早归本朝，流布密教，普度众生”的影响，决定提前回国效力。于是在 806 年随这次遣使判官高阶远成一起回国，带回佛教经典 214 部 461 卷及佛画、佛具等。他来唐虽仅留学两年，但他对促进中日文化交流和发展日本文化作出了不朽功绩。他不仅创立了日本的真言宗，还在京都东寺附近创办了第一所民间学校综艺种智院，传授汉文化各方面知识；他主持编写了最早的汉字词典《篆隶万象名义》；著作了有关中国文学理论的《文镜秘府论》；还借用中国汉字草体偏旁创造了日本的“平假名”。他的书法艺术高超，擅长篆、隶、楷、行、草各种字体，与橘逸势、嵯峨天皇并称日本平安时代“三圣”或“三笔”。据说中国制墨方法也是由他带回日本的。他的这些业绩一直为中日两国人民所传颂。1982 年在西安乐游原唐青龙寺遗址上建立了空海法师纪念碑；1984 年又在纪念碑西侧建成了“惠果、空海纪念堂”，以示中日两国人民友好交往的历史见证。

圆仁（794 ~ 864 年）为日本天台宗创始人最澄的弟子，于 838 年随第 18 次（最后一次）遣唐使，作为请益僧入唐。他最初在扬州开元寺受学，本想赴浙江台州天台山学习，但一直受阻，未能如愿。后转向五台山佛教天台宗圣地巡礼拜谒，最后到达长安，在即将回国时，适逢唐武宗会昌灭佛，历经艰辛，于 847 年携带在扬州、五台山、长安等地求得的经论等共 585 部，794 卷及佛具等，返归故土。他在唐近十年，勤奋好学，奔波操劳，几经曲折，回国后继承最澄遗志，弘扬大乘戒律，成为日本第三代天台座主。他将来唐求法经历，撰成《入唐求法巡礼行记》。内容十分丰富，文字生动，是研究唐代社会政治、经济、宗教、文化各方面及中日两国关系的重要史料。书中有很多记载为其他史料所不及的，如武宗灭佛一事，在我国史籍中记载都很简略，唯他因亲遭法难，有切肤之感，对此事发生经过作了详细记载，包括当时还俗僧尼、拆毁的寺院、山房等具体数目，对研究这一事件很有价值。书中还涉及道教、摩尼教的材料，可以弥补中国史料之阙。

说到鉴真（688～763年），在日本几乎家喻户晓、妇孺皆知。他俗姓淳于，14岁出家，26岁开始在扬州大明寺讲授戒律。他博学多才，德高望重，久负盛名，为南方地区“授戒大师”。当时日本崇尚佛教，但戒律不严，需要建立严格的授戒制度。于是在733年第10次遣唐使中随团来华的荣睿和普照两位学问僧，肩负来唐聘请高僧传授戒律。742年他们来到扬州大明寺邀请鉴真东渡传戒弘法，鉴真欣然接受，不畏艰险，决心东渡。此后历经11年磨难，或遭官府阻挠，或船只遇难，或被人告发，先后遭到5次失败，以至双目失明，但他毫不动摇，最后于753年随第11次遣唐使返日时，同行到达了日本。当他第二年到达奈良东大寺时，受到各界人士热烈欢迎，并在此建立了戒坛院。759年他与弟子们又精心设计了唐招提寺，将盛唐时期的建筑艺术和雕塑艺术的精华移植到日本，使之成为日本的国宝。由于他精通医学，发挥所长，还为日本医学和药物学作出了巨大贡献，被日本尊为医药界的始祖。他还把中国许多优秀文化带去，直接影响了以后日本人民的生活，如饮食文化中制糖法、豆浆制作法等，也是由他带到日本的，被日本制糖业、豆浆业视为行业始祖。如今他的干漆坐像，已成了日本国宝。他为促进中日文化交流，为发展日本宗教、文化事业，为中日两国人民世世代代友好交往奠定了坚实基础，他永远活在中日两国人民心中（见图6）。

近300年的遣唐使交往中我们看到，遣唐使不仅

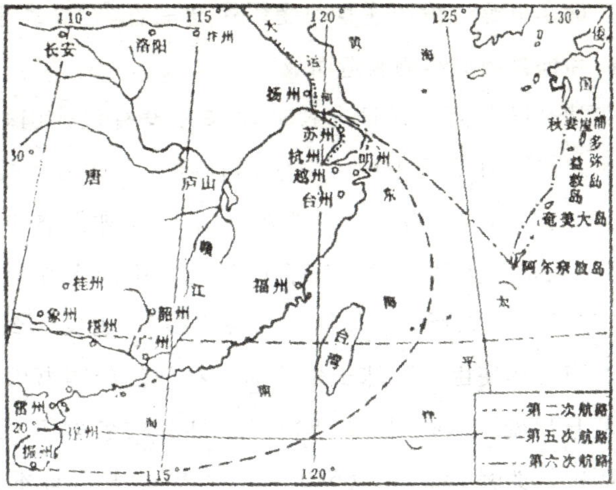

图 6　鉴真东渡日本海上航路略图

是政治使节，更重要的是文化使节，他们把中国优秀文化直接带回并移植到日本，大大促进了日本社会发展，对日本的文明开化产生了巨大影响。从表面看，当时日本似乎全盘唐化了，如同郭沫若所说："把中国的文化，各种上层建筑的意识形态，差不多和盘地输运了去。"实际上他们并没有和盘吸收，而是结合本国实际情况，加以发展、改造，创造出具有自己民族特色的新文化。以下我们从各个方面简要地看看当时日本人民吸收唐文化的影响。

在所有制改造方面，在大化革新中，受儒家和法家思想影响，把私地、私民制改为公地、公民制，这是把奴隶所有制改成大奴隶所有制。废除世袭氏姓等级制，确立中央集权制。官制方面在中央设二官八省一台；行政上，中央设立京师、畿内制度，地方设立国、郡、里等组织。这些均受唐代“三省”、“六部”官制和郡县制的影响改造而成。

就其国名而言，日本长期以来并没有正式国名，隋唐之前一直沿用中国人对它的称呼，自称为“倭”或“大倭”（“多山之地”的意思）；后来他们称“大和”，也是“大倭”两字字音的转化。中国人称他们为“倭”，并无贬义；他们自称为“倭”，也没什么卑义。当日本使臣小野妹子来隋时，在他们的国书中自称“日出处”，对其国才开始有“日”的名称。中国史籍中认为咸亨元年（670年）才更号为“日本”，因“使者自言国近日所出，以为名”。而日本史册，直到720年用汉语编成《日本书纪》时，才开始有了“日本”称呼。可见日本国号也是受唐文化影响而产生的。

日本天皇被看做活的神，也是受中国皇帝为“天子”及王权神授思想的影响而产生的。日本年号也是仿效中国纪年而产生，于公元645年建立第一个年号“大化”，这种纪年传统，在日本迄今仍在沿用。历法方面，日本最初于604年开始所用历法，即由百济传去我国南朝宋时所用的“元嘉历”，到690年才改用唐的“麟德历”（又名“仪凤历”），763年又改用唐的“大衍历”，以后仍长期受中国历法影响参酌采用。礼俗方面，历代天皇再三强调：“朝会之礼，常服之制，拜跪之等，不分男女，一准唐仪。”法律方面，天智天皇的《近江律令》，出自唐的《贞观律令》；天武天皇的《天武律令》则以武德、贞观、永徽三朝律令为蓝本。日本学者桑原骘藏也认为："奈良至平安时期，吾国王朝时代之法律，无论形式与精神上，皆依据唐律"。甚至连印章和指纹的应用也是由遣唐使带回日本的。

在经济方面，大化革新后，仿照唐"均田制"和"租庸调"，推行"班田收授法"和"租庸调制"，开始按口分田，并有"职分田"、"公廨田"等，有了一套税收制度。"开元通宝"钱币在日本各地大量出土和日本在708年仿唐货币铸造的银币"和同开珎（宝）"在西安被发现，正是中日两国贸易往来的实证。

生产技术方面，唐代以后不但水稻品种从中国引进不少，就是在种植技术上也大有改进，以往他们只会撒种，8世纪以后，开始学会了插秧；9世纪中叶开始仿造手推、脚踏、牛拉等各种形式的龙骨水车；还仿制了唐镬、唐锄、唐犁、唐箕（扬谷风箱）等生产工具；普照等学问僧回国后，普遍推广造桥、凿井、挖沟开渠等水利设施；从而大大提高了日本农业生产水平。我国茶叶生产唐代有了很大发展，来唐学习的学问僧永忠于805年从中国将茶籽带回日本，于811年在滋贺县种植，以后在全日本推广；同时饮茶习俗也是从唐传入日本，以后到室町时代（1338～1573年）时发展成一种娱乐性的社会交际艺术，名为"茶道"。唐代陶瓷器的大量出口，自然也影响到日本，其中以唐三彩最受欢迎，它不仅在很多地方被发现，而且为了满足更多的需要，他们还专门研究了仿制技术，于是出现了一种日本自制的"奈良三彩"，在造型、釉色、花纹等方面都酷似唐三彩。在日本几乎全国各地都有唐代陶瓷片出土，其数量相当可观，而著名的邢窑白瓷和越窑青瓷并不太多，来自河南、河北、浙江、湖南等省陶瓷产地的，几乎都有；其中长沙铜官窑的瓷器出土地点最广泛，说明遣唐使与留学生等从中国带回的瓷器肯定不少。三上次男指出："从古代到近世，日本人始终珍视中国的陶瓷，以获得中国陶瓷为快。"

文化教育方面，除了每次随遣唐使来中国学习的留学生外，701 年开始在京师设置大学，在地方设置国学，不仅设置课目与唐代学校大部分相同，而且"大学头"往往是到唐朝留过学的留学生，或是东渡来的中国人。并吸收唐代学校制度，开办各种专业学校，如学医学、针学、药学的典药寮，学音乐歌舞的雅乐寮等，课程也是学习唐朝的。从文字来看，受汉字影响更为明显了。中国的儒学在日本也广为流传，统治者尤为推崇中国儒家的忠、孝、礼、义，8 世纪中叶，天皇曾下诏："令天下家藏《孝经》一本，精勤诵习，倍加教授。"

在都城建筑上，日本的平安京和平城京模仿唐长安最为典型。奈良朝以前，历代天皇无固定都城，换一次天皇，迁一次都。直到元明天皇时，才在今奈良模仿唐长安的格局新建平城京，以后历时 70 年，有 6 位天皇以此为都。桓武天皇延历十三年（794 年）迁入新都平安京（即今京都市），平安京的布局更接近唐都长安，甚至连城门名称都不变。只是规模比长安城小得多，四周没有高大的城墙。

再看体育方面，就说当今日本最盛行的围棋和相扑，都是唐代传入日本，历千余年不衰。当今围棋高手云集日本。而我国传统游戏体育秦汉时称角抵，晋时改称相扑，唐时十分盛行，甚至还有女子相扑。自唐传入日本，发展至今已成“国技”，而在中国早已绝迹。

唐代的优秀文化，其他诸如文学、艺术、书法、绘画、音乐、舞蹈、宗教、习俗等等各个方面，几乎无一缺漏。许多方面当年传往日本反而得以保存，而在我们本土，却失传了。正如郭沫若所说：“中国在隋唐以后，经过好些的异族蹂躏，古代的衣冠文物每荡然无存而又另起炉灶。日本则因为岛国的关系，没有受到这种外来的损害，因此隋唐时代封建文物乃至良风美俗，差不多原封不动地还被保存着。”

唐代的中日友好交往是我国海上丝绸之路上的一朵奇葩，它鲜艳夺目，它温馨香馥，令人留恋，令人陶醉。它又是海上丝绸之路上的一颗明珠，五光十色、灿烂辉煌，让人羡慕、让人难忘。

5 唐与新罗的频繁往来

朝鲜半岛与我国山河相连，唇齿相依，历来关系密切，情同手足。自公元 5 世纪以来，朝鲜半岛上高句丽、百济与新罗三国彼此兼并，相互争夺。开始唐与朝鲜三国都很友好，由于新罗积极主动，与唐关系更为密切。7 世纪中后期，新罗得到唐的支持帮助，先后灭了百济和高句丽，统一了朝鲜半岛。8 世纪以后，唐与新罗交往更加频繁，有唐一代的 289 年（618 ~ 907 年）中，新罗以朝贡、献物、贺正、表谢等名义向唐派出使节 126 次，唐以册封、答赉等名义向新罗派出使节 34 次，双方相互交往共 160 次。

双方使节往来中，都携有大批珍贵物品作为礼品馈赠对方，这些礼品实际是双方交易的商品。据朝鲜的《三国史记》等文献记载，新罗向唐所献物品有：朝霞绸、朝霞锦、大花（小花）鱼牙锦、鱼牙绸、三十升纻衫缎、龙稍、布等各种纺织品；金、银、铜等金属；金钗头、鹰（鹞子）金（银）锁镞子、镂鹰铃、金花鹰（鹞子）锴铃子、金（银）镂鹰尾（鹞子尾）筒、瑟瑟细金针筒、金花银针筒、金（银）佛像等金属工艺品；人参、牛黄、茯苓等药材；马、果下马、狗、击鹰、鹞子等动物；以及海豹皮等。贡品不仅种类多，而且数量很大，如 869 年入贡，所带物品有 37 种，其中金 100 两、银 200 两、人参 100 斤、牛黄 15 两，相当可观。而唐回赠物品有：彩素、锦彩、绫彩、五色罗彩、绫罗、瑞文锦、绢、帛等高级丝织品；锦袍、紫袍、绿袍、紫罗绣袍、押金线绣罗裙衣、金带、银带、银细带、锦细带等衣带；金器、银器、金银细器物、银碗、银榼等金属工艺品；道德经、佛经、孝经及孔子、十哲、七十二弟子像等书籍；以及佛牙、茶种、甲具等等。可见这些礼品绝大部分是供上层统治者需要的高级奢侈品。

新罗原在朝鲜半岛东南部，北接高句丽，西邻百济，后虽统一了朝鲜半岛，但我国东北地区又崛起了渤海国，受它们阻隔，与唐交往主要靠海路。它是我国海上丝路东线最近国家，与山东半岛隔海相望。地处中日之间，唐代以前，为中日间航线必经之地。唐与新罗间的主要航路，有传统的航线：由山东半岛登州渡渤海海峡，沿辽东半岛南岸东行去朝鲜半岛。另一条航线由登州直接东航，横越黄海，直达朝鲜半岛西海岸的江华湾或平壤西南的大同江口，或汉江的汉江口，或临津江的长口镇（即穴口镇）。再有一条是从长江口出发，沿大陆海岸北上至山东半岛成山角，东渡黄海，即达朝鲜半岛。新罗商舶来唐，主要停泊长江口扬州，及苏北的楚州（今江苏淮安市）和山东半岛的密州（今山东胶州湾南岸诸城县一带）、登州（今山东蓬莱）等地。

由于唐代对外国人迁居入唐者采取种种优惠政策，如据《唐户令》记载："诸没落外蕃得还，及化外人归朝者，所在州镇，给衣食，具状送省奏闻，化外人于宽乡附贯安置。"这里的"化外人归朝者"，即指外国人来唐居住者，不仅发给衣食，还被安排到地多人少的宽乡生产。在《赋役令》中还规定，从外国回归的中国人按他们居住年限长短，分别免除一定的租税负担，而外国人来定居的可以免除租赋 10 年。7 世纪中后期，受新罗灭高句丽和百济影响，大量百济、高句丽人纷纷迁居来唐。加上新罗的造船业和航海技术的高度发达，为大批新罗人从海上迁来提供了物质基础。

所以唐代是朝鲜人民迁来中国最多的时期，如《旧唐书·东夷传》记：元和十一年（816年）“新罗饥，其众一百七十人求食于浙东”。从日本高僧圆仁的《入唐求法巡礼行记》中可看到，当时圆仁到过的地方：扬州、楚州、密州、海州（包括宿城村）、泗州（包括涟水）、登州、青州等地都有新罗人居住，他们住的街巷叫“新罗坊”，旅店叫“新罗馆”或“新罗院”。有新罗人住的地方均设有管理新罗坊的“勾当新罗所”，即“新罗事务所”的意思，内设通事、翻译等，均由新罗人担任。

大量的新罗侨民居住在我国长江以北黄海沿岸的各州县，他们基本上都是商人、船主和水手，新罗商船经常往来于日本和唐朝之间，既从事唐与日本的中介贸易，从中兴贩商利，又从事客商的海洋运输。如前面已述的第18次日本遣唐使回国时，就是在楚州雇用了9条新罗商船，从淮水出航，东渡返国的。随着官方贸易活动日益衰落，民间贸易得到蓬勃发展，新罗大商人集团便迅速成长起来。新罗商人中有的既是海外贸易的富商，又是新罗的官吏，如新罗清海镇守护将军张保皋，在山东文登县清宁乡赤山村设立贸易据点，从事海外走私偷运活动。他在赤山村建有佛寺叫法花院，有新罗常住僧三十多人，并拥有大片庄田，年收五百石米，供寺僧费用。他们用新罗语言、新罗风俗、新罗仪式（个别地方用唐俗）举行诵经礼忏式，每年正月十四、十五日，举行讲经法会，总有200多新罗人参加，足以反映当年新罗侨民在我国留居之多。

新罗商船的活动是多方面的，除了做中日间的中介贸易外，主要还是替本国的官方进行贸易，这种民间贸易规模也很可观。新罗出口商品基本还是锦、绫、丝、布等纺织品，金、银、铜等金属，人参、牛黄等药材，以及熟铜、乐器、扇子等。而唐商出口商品有：丝绸、陶瓷、书籍、文化用品、服装、饰件和茶叶等。朝鲜最早从我国进口茶叶，并在828年从中国带回了茶种，开始在朝鲜半岛种植茶树。新罗商船同时还参与唐朝国内商业运输，如圆仁在新罗船上，看到他们“从密州来，船里载炭，向营州去，本是新罗人”。

新罗与唐在政治上友好交往，经济上平等互利地贸易往来的同时，文化交流也很频繁。由于朝鲜是我国近邻，两国交往一直很密切，所以中国的先进文化对朝鲜的影响要比别国更早更深，许多方面甚至通过他们，还间接地传往日本；同样，朝鲜先进的文化也是最快传入中国。为了学习唐代的先进文化，新罗派遣了大批留学生和求法高僧来唐学习，在唐朝“国学”中学习的留学生中就数新罗的最多，仅840年回新罗的留学生（包括质子）就有105人。在唐学习的新罗留学生中，曾有58人在唐应试中举，并在唐做了官。其中以崔致远最为突出，他18岁在唐登科，在唐学习期间广交朋友，能诗会文，并练就一手好书法，回国后仍常作使节来往于唐朝。这些留学生吸收了唐代先进文化，回国后为新罗的社会发展和文化繁荣作出了积极贡献。

新罗统一全国后，于8世纪中叶，为了健全国家体制，参考唐朝的制度，新设了从中央到地方的行政机构：如仿唐的尚书省设执事省；仿六部设礼部、兵部、仓部（相当户部）、位和府（相当吏部）、例作府（相当工部）、左右理方府（相当刑部）；仿内侍省设内省；仿御史台设司正府。地方行政制度仿唐州郡制，也建立州郡制，全国共分9州5小京117郡293县，而且将9州名称也改成汉式名称，连州郡县的官名也与唐基本相同。

经济制度方面，仿唐建立了户籍制，实行租庸调法，仿唐均田制推行丁田制，即按丁授田。在教育方面，682年新罗在中央仿唐设立国学，主要讲授中国的五经三史，747年改为太学监，设博士助教讲授儒学，专门讲《论语》、《孝经》、《周易》、《尚书》、《毛诗》、《礼记》、《春秋》、《左传》、《文选》等儒家的书。极力推崇经学，崇尚儒家思想，儒家的敬天、修德、尊贤、正名的政治思想和君仁、臣忠、父慈、子孝等社会思想在新罗广泛传播，儒家思想成为新罗统治阶级政治思想，一直影响着朝鲜半岛人民。在选拔官吏方面，788年也仿唐科举制度设读书出身科，而且以法律形式规定，以学习儒学经典和汉学来选拔人才。继设立国学之后，692年有新罗学者薛聪、强首等人，总结朝鲜人民长期使用汉字的经验，创造用汉字的音或意标记朝鲜语的方法，这就是“吏读”。可见汉字对朝鲜文字的创制有很大贡献，吏读为以后创造朝鲜自己的语言文字——谚文创造了有利条件。

要说宗教方面，两国法僧间的交往就更深刻了。随着佛教在新罗的逐渐兴盛，来唐留学的新罗僧日益增多，有的终身留在中国，长期从事佛经的翻译和注疏，对中国佛教事业的发展作出了重要贡献；有的学成回国，成为新罗佛教流行中各重要宗派的鼻祖。其中圆测于627年来唐长安留学，开始从法常、僧辨学佛教经论，后成为玄奘著名弟子之一，他精通汉语、梵文，终身留在中国从事佛经的翻译，死后与玄奘另一弟子窥基分别葬在玄奘墓塔两侧。另一位新罗僧金乔觉，原是新罗王族，他航海来到安徽池州府青阳县九子山（后称九华山），面壁端坐山头数十载，803年圆寂后尸坐石函，肉身三年不腐，与佛经中地藏菩萨瑞相相似，故被奉作地藏菩萨化身，尊为“金地藏”。此后九华山香火兴盛，成为我国佛教四大名山之一。由于唐时还盛行道教，新罗也受此影响，于是738年，唐帝特派邢琦出使新罗，将老子的《道德经》等书送给新罗国王。从而道教在新罗也逐步传播，以后来唐学习的留学生金可纪、崔承佑等在唐还专门向申元学习道教的经传，从而新罗的道教也盛行起来了。

建筑方面，新罗的石塔、石灯、砖塔、寺院、石窟、王陵、碑碣以至城郭建筑，无不受唐影响。新罗京城庆州（金城）是新罗最大城市，以宫城月城为中心，采取纵横交错如棋盘状的条坊制，里坊都有围墙，显然是仿唐长安规划布局而建。在庆州南邑的王陵中，有的坟前有十二生肖兽首人身的浮雕，甚至配有文武石人、石兽和华表，显然也是模仿唐代制度而建的。

至于音乐、美术、历法、天文、书法、印刷、医学等等各方面，受唐影响之处更是不一而足，举不胜举。新罗与唐的经济文化交流，通过海上丝绸之路的连接，对两国社会发展起了积极作用，同时也使两国人民的友谊得到了增进和巩固。

6 四大名港的形成

唐代海上丝绸之路的兴盛发达，促使沿海港口城市兴起和发展。随着航海技术的提高，要求港口的设置有利于航程的缩短、航线的安全，便于物资的集散和货物的装卸等。随东西方航路的发展，我国的港口逐渐从南北两端向中部延伸，并有由北向南推移的趋向。到唐代后期已初步形成广州、泉州、明州、扬州四大名港，同时还有交州、福州、登州等辅助港口。

广州港 古称番禺，秦汉时已成为我国最早对外贸易港之一，南朝开始成为南海航路的始发港口。唐代随海上丝绸之路的兴盛，广州对外贸易活动日益频繁，据《旧唐书》中记载：广州“每岁有昆仑乘舶以珍物与中国互市”，“有蛮舶之利，珍货辐辏”，“环宝山积”。由于“广州地当会要，俗号殷富，交易之徒，素所奔凑”，为了加强对外贸易活动的管理，于开元二年（714 年）在广州最早设置了市舶司，由周立庆为岭南市舶使。

天宝九载（750 年）鉴真和尚第 5 次东渡日本失败，漂泊到海南岛后，被接到广州，见到“江中有婆罗门（指今印度一带）、波斯（今波斯湾一带的国家）、昆仑（今马来半岛、印尼一带）等舶，不知其数；并载香药、珍宝，积载如山。其舶深六七丈。师子国、大石国（即大食国）、骨唐国、白蛮（指欧洲白人）、赤蛮（指非洲黑人）等往来居（住），种类极多”。一片外商云集的繁盛景象。不久，在安史之乱中，广州遭到严重骚扰破坏，大历四年（769年）李勉来广州任刺史时，港口萧条得“西域舶泛海至者，岁才四五”；他到任后，由于他“既廉洁，又不暴政，故外商乐于远道而来，舶商大增”，经他整治后，很快便“岁四千余”。后来，王锷来广州任岭南节度使时，诸蕃舶“日十余艘载皆犀、象、珠琲，与商贾杂出于境”。由于贞元年间（785~804年）外来海舶大增，港市需扩大，于是元和年间（806~820年），以岭南节度使监领之，又将市舶使升称为“押蕃舶使”，作为中央特派驻港官员，即由岭南节度使主管内事，押蕃舶使主管外商。其后由于市舶官吏巧取豪夺，迫使外商海舶纷纷避往交州港，广州港又一次萧条起来。此时，唐文宗旨令：“不得重加税收。”经整顿后广州港市得以振兴。

随着海外贸易的兴盛，前来中国的外国商人、水手、宗教人士等不断增多，史书称之为“蕃客”，即外国客人的意思。如前所述鉴真和尚在广州就见到有许多外国人居住在那里，当时阿拉伯旅行家苏莱曼来到广州，他估计在广州的外国商人约有12万之多。开始当地人与外国人杂居，婚娶相通，到开成元年（836

年），为了便于管理，严格规定外商不得在城内与华人杂居，必须集中住在城外，这样把他们聚居地区叫做“蕃坊”，当时广州蕃坊在今光塔街附近。蕃坊内居住的多数是阿拉伯人和波斯人，他们都信仰伊斯兰教，所以在蕃坊专门修建了伊斯兰教寺——怀圣寺，寺中有塔，俗称光塔或蕃塔，当年塔在珠江岸边，每当商船进港，它又成为导航的标志。蕃坊里由侨民们自己选出“蕃长”自行管理，主持日常事务工作。

泉州港　位于福建省南部、晋江下游的泉州湾内，航道深邃，港湾曲折，是我国古代天然良港。前面已述，早在南朝梁时，当时为梁安郡，已与今马来半岛的狼牙修国通航。唐代开始，已初步发展成对外贸易港了，何乔远的《闽书·方域志》记：唐武德年间（618～626年）有阿拉伯伊斯兰教创始人穆罕默德四个门徒来到中国，一个到广州，一个到扬州，另外两个来到泉州传教，后死在泉州，葬在东门外灵山，迄今其墓尚存。1965年在泉州郊区出土一方古阿拉伯文的墓碑，碑文所记为回历29年，即唐贞观二十三年（649年）所立，可见唐初已有阿拉伯人来到泉州侨居。唐代泉州因南海蕃舶常到，岛夷斯杂，唐诗中记这里商贾云集，“市井十洲人”的繁荣景象。因此，开元六年（718年）州治则由南安丰州移到近海港的今泉州市。元和六年（811年）泉州从中州升为上州，正是泉州海外贸易繁盛，促使该城地位提高。

为了加强对海外贸易的管理，特在泉州设立“参军事，掌出使赞导”。这“参军事”实际施行的就是市舶使之权。为了适应海外贸易发展的需要，唐后期及五代十国时，泉州城一再扩建。特别是在五代十国闽政权时期，这里避免了战乱的破坏，社会比较安定，经济得到很大发展，这时期这里的蚕桑、陶瓷、铸造、茶叶等方面都比唐时更进一步的发展，为海外贸易的发展提供了物质基础。同时不断“招来海中蛮夷商贾”，促进海外贸易的迅速发展。《泉州府志》记：王延彬任泉州刺史“凡三十年，仍岁丰稔，每发蛮舶，无失坠者，人因谓之招宝侍郎”。

明州港 地处甬江下游，杭州湾口，地理位置适中，出海方便，是天然良港。唐代中期以后，得到迅速发展，开元二十六年（738 年）开始在此置明州，但州治在鄮县，北临鄞江，地形卑隘，发展有一定局限。到长庆元年（821 年），州治移至三江口，即奉化江、余姚江、甬江的交汇处，三江由此汇合入海；加上杭甬运河的整修，使之与南北大运河沟通，于是这里成了水路运输集散中心。同时在此筑城，并建有码头设施和造船场，从而使明州逐渐发展成为唐代对外贸易重要港口之一。再说唐代以后，这一带发展成为丝绸、青瓷的著名产地，周围经济日益发达，为海外贸易提供了良好的经济腹地。

尤其是中日间南路航道开辟后，唐政府便明确规定：新罗梗塞海道，更徭明、越州朝贡。天宝十一载（752 年），第 11 次遣唐使来唐四条船中，除第一条船漂流安南（今越南）外，其余三条船均于明州登陆，这是遣唐使第 1 次到达明州。其后，德宗贞元二十年

(804 年)，第 17 次遣唐使四舶中，第二条船抵达明州，第一条船漂到福建长溪县，第二年回国时，特意让第一条船开到明州会合，然后一同从明州起航回国。特别是在 839 年日本停派遣唐使后至 893 年唐亡前，中日间海上交通主要由民间商舶替代，相互往来三十多次，其中有 6 次是从明州出发的。至于五代十国时，主要有吴越国与日本经常往来，基本都由明州出航。后梁时，“江淮道梗，吴越江海通中人，于是沿海置博易务”，博易务实际也是市舶管理机构。可见明州在唐代后期至五代时期海外交通获得空前发展，为宋以后的进一步发展打下了坚实基础。

扬州港 隋唐时期长江在扬州附近入海，自隋开通南北大运河以后，扬州地处南北大运河与长江入海口交汇处，这里具备江、海运会合的综合性大港口的自然地理条件。自从唐代后期经济重心南移，江淮经济发达，“赋取所资，漕挽所出，军国大计，仰于江淮”；而且从敦煌发现的《水部式》残卷注记，当时南方桂、广二府（今广西、广东）和岭南（今福建、广东一部分）诸州的租调也都先运到扬州，再转运北方。可见唐代扬州已成为南北漕运中转大港，南北物资集散中心。它地处我国中部，正是海上丝绸之路东线与南线的连接点，从而成为海上丝绸之路与中国内地广大地区联系的枢纽，因此，它很快发展成为唐代海外贸易和国内商业经济中心。

唐代扬州的兴盛与周围的经济发达有很大关系，安史之乱以后北方经济破坏较大，江淮地区未受波及，于是北方富商多避江淮地区。江淮地区经济得到空前发展，以至“赋之所出，江淮居多”；贞元时韩愈亦说：“今天下赋，江南居十九。”致使扬州“舟樯栉比，车毂鳞集，东南数百万艘漕船，浮江而上，此为搤吭”。唐代盐利在国家财政收入中居重要地位，“天下之赋，盐利居半”，而扬州又是淮盐集散之地。宋代洪迈曾说：“唐盐铁转运使在扬州，尽干利权，判官多至数十人。商贾如织，故谚称扬一益二，谓天下之盛，扬为一而蜀次之也。”史籍记载：“广陵（即扬州）当南北大冲，百货所集”；“江淮之间，广陵大镇，富甲天下”；“扬州雄富冠天下”。唐诗亦赞誉：“天下三分明月夜，二分无赖是扬州”；“春风十里扬州路”，“十里长街市井连”。可见扬州之繁华，几乎成为全国第一大城市。

同时扬州还是国际贸易大港。前面已述，中日间自开辟南岛线和南路航线以后，自日本南部岛屿横渡东海即可抵达长江口扬州港，航路大为缩短，但风险随之加大，以后遣唐使来扬州的增多了，著名的荣睿、普照、吉备真备、阿倍仲麻吕、圆仁等都来过扬州，圆仁的《入唐求法巡礼行记》还作了详细记载。由于扬州与京城及其他各地的水陆交通便利，又是海上交通直航港口，所以前来经商的“胡人”络绎不绝。唐人笔记中经常提到扬州的“波斯邸”、“波斯庄”，有的波斯商人在扬州经商已逾20年，年迈以后还“思归江都”，把扬州看做第二故乡。前面讲到，唐初伊斯兰教传入中国时，穆罕默德四门徒中，有一门徒就来到扬州。1980年在扬州城东北郊的唐人墓中出土一件烧有阿拉伯文“大哉真主”铭文的背水瓷壶，证明唐代有阿拉伯人在扬州传教的事实。另外，在扬州唐城中，还出土了酷似马来人的人像陶范；扬州出土的唐代陶俑中，有不少波斯胡人的造像。这些大都是来扬州经商的胡人，他们在扬州开设“胡店”，杜甫《解闷十三首》中也记：“商胡离别下扬州，忆上西陵故驿楼。”唐肃宗上元元年（760年），刘展叛乱，因受其影响，“商胡、大食、波斯等商旅死者数千人”。这只是唐代中期状况，到唐代后期，扬州更加繁盛，想必外来的商船、商人则会更多。

唐代海上贸易的繁盛，促使沿海港口大发展，逐步形成上述四大名港，为以后海上丝绸之路的进一步发展奠定了基础。其中广州为南海航线的起航港，独占鳌头，久盛不衰；扬州仅在唐代盛极一时，经唐末破坏后，因海岸东移，失去昔日得天独厚的地理优势，以后一蹶不振，在海上丝路上消失了它的光彩；明州、泉州在唐时才初露头角，但在唐末五代时获得很大发展，所以潜力很大，到宋元时便大放异彩。

除了这四大名港之外，唐代还有一些辅助港，如交州、福州、登州等港，在海上丝路上也起了不小作用。

交州港　交州为唐代最南一州，其交通口岸是比景港，位于今越南顺化东南的灵江口北。一作匕景，地处占婆之北，适在昆仑岛去广州的中途，由匕景去广州为南海航路上最简捷航线，是这一带海域中航行海船理想避风港。自汉以来，一直为南海航行必经之地，南朝刘宋时，“商货所资，或出交部，浮海陵波，为风远至”；这里的交部即指交州，也就是比景。南齐时被称“交广富实”，已交、广并称了。到8、9世纪，因广州市舶官吏，勒索过深，于是外国舶商“舍一近而趋远，弃中而就偏”，转往交州港卸货交易，促使交州港由此繁盛起来。甚至欲去“安南收市”，元和时的李肇《国史补》称：“南海舶，外国船也，每岁至安南、广州”。这里安南即指比景港。实际航船到这区域，每遇气象变化，不便航行时，便就近到比景寄泊。直至宋初仍有此记载，如《宋会要》记，天禧二年(1018年)，广州商船“发往南蕃买卖，因恶风，飘往交州管界州郡博易”；乾道三年（1167年）大食海商来华，“至占城国外洋暂驻候风”。宋初安南独立，交州实际已脱离中国管辖。

福州港 古称东冶港，早在东汉时交趾（即今越南）贡品就是运至东冶，转运都城洛阳。西晋时已与台湾等地有海上交通，历来为福建地区重要港口。唐代海外贸易的兴盛也促进了福州港的发展，但缺乏史书明确记载，仅在前面提到的太和八年（834年）唐文宗的招抚优待外商旨令中提及“福建”，有人认为是指泉州，有人认为是指福州。直至唐末广州港一度衰落，五代时王审知在闽执政期间，积极发展海外交通，开辟了福州的甘棠港，招徕海中蕃客，使福州到北宋时有更大发展。

登州港 在今山东蓬莱，地处山东半岛北岸突兀部位，濒临渤海，与辽东半岛隔海相望，其北越过庙岛群岛即达辽东半岛，向东即往朝鲜、日本。在唐中叶开辟中日间南岛航线以前，登州是与朝鲜、日本交往的主要港口，在 19 次遣唐使中，有 9 次是抵达登州的。它是我国古代北方最大对外贸易港，唐时它还是海运基地和发兵攻高丽的军港基地，并是北方主要造船基地。直至北宋时，因宋辽关系紧张，于庆历二年（1042 年）被禁令封港后，逐渐退出了历史舞台。

五　宋元时期海上丝路的鼎盛

1　南海航路的空前繁盛

宋元时期社会经济繁荣，坚持开放政策，加上航海技术的提高，促使海上丝绸之路空前繁盛，尤其在南海航路上表现更为突出。不仅与海外诸国来往比过去更加频繁，交往范围更加扩大，航线更长而航程缩短，而且对沿途国家和地区的地理分布状况，有了更加清楚的了解。北宋开始已正式出现航海用的海图，这种海图一般反映一定水域的地形地貌、水文要素、定位条件等与航行有关的资料和说明，主要为海上活动专门绘制的地图。北宋咸平六年（1003 年），广州地方官曾向朝廷进呈《海外诸番地理图》，南宋时赵适汝在泉州看到《诸蕃图》，元代马可・波罗从泉州去波斯时，也提到有航行地图，可惜这些海图均已流佚。所幸宋元时期一些专门记述海外诸国的地理著作尚有保存，有的虽已散佚，但从《永乐大典》等古籍中尚可辑出部分。这些地理著作主要有《岭外代答》、《诸蕃志》、《大德南海志》、《真腊风土记》、《岛夷志略》等，从中可以看出宋元时期海外贸易的大致概况。

《岭外代答》所记内容远至非洲马达加斯加岛一带的东非海岸和西欧的西班牙等地的地理情况。不仅记载了以往那条沿大陆岸边行走的航线，而且还记有另一条横渡印度洋的新航线：从兰无里（即苏门答腊的亚齐）乘东北风西行，横越印度洋，可直达阿拉伯半岛南端的哈达拉毛地区，一直到今也门的亚丁附近，甚至到达非洲东岸。

赵适汝的《诸蕃志》虽约有三分之一内容取材于《岭外代答》，但它列有专目的国家和地区达 57 个，所记外国物产有 47 种；所记范围西至北非摩洛哥，甚至记有欧洲的斯加里野国（今地中海西西里岛）和芦眉国（即马罗国）的情况，所记内容远比《岭外代答》丰富得多。

《大德南海志》又称《南海志》，原书早佚，但仅从《永乐大典》中所辑该书记载的海外通商国名与地名就有 140 多处。内容虽然简略，但以其地名之广博，可以作比较参勘。

《真腊风土记》根据作者亲身经历，详细记载了真腊（今柬埔寨）的历史、地理、政治经济、风俗习惯、物产贸易等各方面情况和自温州去柬埔寨航线沿途所经过各地的情况。

《岛夷志略》是作者将他两次出海的所见所闻与前人的记载加以校正后写成，共记有 220 多个海外国名和地名。记载了各国山水、物产、货币、商品、贸易、风土人情等，记有当时印度与欧洲贸易盛况，在所记的贸易商品中，许多地方记有我国的苏杭五色缎、青白花瓷等，反映了元代海外贸易的繁盛。是我国元代远洋交通和海外贸易最重要的原始资料，也是唐宋以来对南洋、印度洋的地理知识的总结。

宋元时期是南海航路贸易活动空前繁盛时期，南宋周去非在《岭外代答》中概括说："诸蕃国之富盛多宝货者，莫如大食国，其次阇婆国，其次三佛齐国，其次乃诸国耳。"这三国是当时南海航线上最富有国家，也是最主要的3个贸易中转基地。以下分段看看宋元时期南海航路上贸易往来的盛况。

从广州或泉州出发到三佛齐（今印度尼西亚苏门答腊东部占碑一带）之间，主要是印度支那半岛各国。首先到达我国近邻交趾（今越南北部），宋初，两国关系密切，《宋史》记载："岁入贡，通关市，并海商人遂浮舶贩易外国物"；北宋中期开始，因与宋发生边境冲突，两国间贸易基本中断；南宋《诸蕃志》称"其国不通商"，元时《岛夷志略》也说中国"舶人不贩其地"。实际从越南史料看，交趾的云屯港（今越南广宁省锦普）"其俗以商贩为生也，饮食衣服皆仰北客"。"北客"即指中国客商，可见与中国民间私人贸易活动一直未断，甚至元时，中国商人"航海历交趾诸国，货入优裕"。中国商船的到达，颇受欢迎。

交趾往南便是越南南方的占城国。两宋时期，占城成了印度支那国际贸易中心，与宋关系更加密切，两国海舶定期往来于占城与广州、泉州间，占城运到中国的货物主要是香料，而中国运去的则有草席、凉伞、绢、扇、漆器、瓷器等物品。占城使节经常带着贡品搭乘中国海商的商船来宋“进贡”，仅一次随吴兵的商船来宋的贡品就有香料、象牙等5万余公斤，可见这种朝贡贸易额之大。

此外尚有真腊、罗斛（今泰国南部）、缅甸、真里富（今马来西亚境内）等国，与宋关系都十分密切。仅真腊在北宋神宗熙宁以后60多年中，就先后遣使来宋7次。两国商人来往不绝，真腊商人一度占领了占城，有时直接从占城发船，主要到广州、泉州，南宋期间主要来泉州贸易，有时一次就有4艘真腊商船来泉州，所以泉州市舶使赵适汝能通过真腊商人，了解到真腊许多情况。在《诸蕃志》中对真腊部分记述很详细。元代周达观于元贞元年（1295年）随使节到达真腊，回来后写成《真腊风土记》，留下了极为珍贵的资料。唐宋以来，有不少中国人移居真腊，受到真腊人的欢迎和尊重，周达观在真腊时就见到不少中国侨民，他们以经商为多，也有些工匠向当地群众传授技艺。真腊人称中国人为“唐人”，称中国货为“唐物”，他们特别喜欢和追求中国货物，以“欲得唐货”为高尚风气。中柬两国人民世代友好，有着长期经济文化交流的优良传统。

早在北宋末年，福建市舶使就受旨“招纳到占城、罗斛二国前来进奉”，中泰两国贸易往来正式开始于元代。至元二十六年（1289年）、二十八年（1291年）先后两次遣使来元，带来象牙、丹顶鹤、鹦鹉、翠毛、犀角、龙脑等珍贵物品，开展两国政府间的友好易货贸易。当时罗斛用䞈子（一种海贝）作货币，用他们的货币折换元朝纸币，“每一万准中统钞二十四两，甚便民”。可见两国贸易往来之密切。

至于与缅甸关系早在丝绸之路开辟前，已有从夜郎（今云贵地区）经缅甸到天竺的一条古商道，唐时仍以陆道为主。11 世纪的蒲甘王朝的势力已扩展到孟加拉湾和泰国边境，所以三佛齐和大食商人经常来缅甸海岸进行贸易。北宋景德元年（1004 年），蒲甘王朝使节曾和三佛齐、大食使节同舟来宋。不过两国往来更多的还是从事边境贸易，多走滇缅商道。

马来半岛地处东西交通咽喉之地，来往商船多泊于此，宋元期间，中国航行西洋的商舶常来往这里，所以这里的真里富居民的生活用品多从中国商船购得，真里富的富商也“囊赍巨万”来中国明州经商。当时三佛齐基本控制此地，如凌牙斯加（即狼牙修，在马来半岛中部北大年一带）出产象牙、犀角、速暂香、生香、脑香等方物，“岁贡三佛齐国”，有时也有商人带了当地特产来广州、泉州贸易，换取缬绢、瓷器等。元朝时，这里的丁呵儿（今丁家奴）、吉兰丹国亦遣使来元通好。

三佛齐扼守新加坡海峡东南处的海口，《岭外代答》记：“三佛齐国在南海之中，诸蕃水道之要冲也。东自阇婆诸国，西自大食、故临诸国，无不由其境而入中国者。”《诸蕃志》也说：“其国在海中，扼诸蕃舟车往来之咽喉。”这里是东西交通国际贸易周转枢纽，也是宋代舶商直航贸易的主要口岸，由此得便风二十日可到广州，顺风的话，月余可达泉州。有宋一代，两国使臣与商舶的来往不绝于途，三佛齐曾遣使30多次来宋，其民间舶商更是纷至沓来。早在宋初建隆年间（960~963年）就已遣使来宋通好。太平兴国五年（980年），三佛齐的蕃商李甫，曾满载香药、犀角、象牙等来中国，由于风势不顺，被漂到潮州。其后，雍熙二年（985年）又有舶主金花茶以方物来献。咸平六年（1003年）三佛齐建成旁苏陵庙，遣使来宋请求赐名题字，宋真宗诏以“承天万寿”为寺额，并铸钟以赐。到熙宁十年（1077年）三佛齐大首领兼大海商地毕迦罗也来到中国，为祷佑常得安济，特意出资修复广州天庆观。又如元丰三年（1080年）广州市舶使报告说三佛齐詹毕（即占碑，三佛齐的首都）国主及主管国事的国主之女，专门捎来礼物和信札给广州市舶使，以示友好并希望继续发展两国贸易关系。

南宋时，泉州与三佛齐间交往更加频繁，曾有泉州纲首朱纺，发舟前往三佛齐国，途中风调雨顺，舟行迅速，往返不到一年，获利百倍。以后出海经商者，便络绎不绝。后来，泉州有一和尚的表兄为海商，欲往三佛齐，不幸途中触礁船沉了，仅有一人被漂到一个小岛上，正好碰上有船来靠岸，一问原来也是泉州来的船，也是被风吹漂过来的，于是结识同行。从这生动的故事中，可以看出当时到三佛齐获取厚利者，大有人在。三佛齐主要出产香药：如沉速、脑子、暂香、粗熟香、降真香、丁香、檀香、豆蔻等；同时将从印度、大食（今阿拉伯）等地运来的货物，如珍珠、乳香、蔷薇露、栀子花、没药、木香、苏合香油、象牙、珊瑚树、琥珀、番布、番剑等，汇集后运往我国广州或泉州。而我国对三佛齐出口的商品主要是锦绫、缬绢、瓷器、大黄、樟脑、铁及米、酒、糖、姜等。除了易货贸易外，我国商人还以金银、铜钱来支付，宋钱在三佛齐市上也可流通。

南洋地区另一个重要的贸易中转基地是阇婆国（即爪哇），其国富盛甚于三佛齐，由广州出发，一般顺风可以直航，而由阇婆返航则需经由渤泥、三佛齐中转。北宋初，福建建溪主舶大商毛旭，曾多次去阇婆国贸易，后于992年，阇婆国王使臣借助毛旭为向导来宋朝贡，带来“象牙、真珠、绣花销金及绣丝绞、杂色丝绞、吉贝织杂色绞布、檀香、玳瑁、槟榔盘、犀装剑、金银装剑、藤织花簟、白鹦鹉、七宝饰檀香亭子”等大批宝货。中国商人每次到达该国，均“待以宾馆，饮食丰洁”；往往带去金银、铜钱、五色缬绢、绫缎、铁釜、青白瓷器等，颇受欢迎。

这地区还有兰无里（今苏门答腊西北角亚齐）、渤泥（今加里曼丹岛）、文老古（今马鲁古群岛）等国与宋都有海上贸易往来。其中渤泥国早就想与宋朝结交，只是没有门径，直到太平兴国二年（977年），宋商蒲卢歇因遇猛风，被刮到渤泥国，“此时闻自中国来，国人皆大喜，即造舶船，令蒲卢歇导达入朝贡”；此后每年令人入朝贡，每年修贡，来往密切。连文老古的百姓也每岁望唐舶贩其地。兰无里地处太平洋与印度洋之间，扼孟加拉湾与马六甲水道的交会口，是东西交往必经之地。其西洋面开阔，而近岸海中，“有山甚高大，曰帽山”，“西来洋船俱望此山为准”，以此为导航目标。这里盛产苏木、象牙、白锡、长白藤之类，也是重要贸易基地，中国商舶前往印度洋，无不在此寄泊。

在菲律宾群岛上的麻逸、三屿、毗舍耶等国与宋的贸易往来也很密切。早在太平兴国七年（982 年）麻逸商人即已“载宝货至广州海岸”，而中国商船到达麻逸后，泊于官场码头，当地商人用竹箩装走货物后，即往各岛贩售，售完后再来结算付款。而在三屿，只要中国商船一到，他们便“鸣鼓以招之，蛮贾争棹小舟，持吉贝、黄腊、蕃布、椰心簟等至，与贸易”；以中国的瓷器、皁绫、缬绢最受欢迎，他们把得到的中国瓷器视为珍宝。当地居民时有来泉州通商的，当地习俗以到过中国为荣耀，《岛夷志略》记：这里的“男子常附舶至泉州经纪……既归其国，则国人以尊长之礼待之，延之上座，虽父老亦不得与争焉。习俗以其至唐，故贵之也”。

越过三佛齐、兰无里，便进入孟加拉湾。孟加拉名称最早就是出现于宋代，宋代译名为鹏茄啰。在与宋的贸易往来中，以土产宝剑、兜罗锦著称。兜罗锦是孟加拉历史上早期棉织品，直到宋末元初，中国引进了棉种，自行织棉生产后，才停止进口。元时这里称朋加剌，它的农业、手工业和贸易都有很大发展，其“国富俗厚”，甚至凌驾旧港，超过了爪哇。摩洛哥旅行家伊本·巴图塔在来中国途中，游历了孟加拉，赞誉道："孟加拉的肥沃土地，丰富的农工业产品以及大量的对外贸易，引起了国外商人和游历者的极大惊奇和羡慕。"这时吉大港已发展成为孟加拉的最大对外贸易港，泉州港与吉大港一直有着贸易往来。

曾是汉代与西方贸易集散中转地的斯里兰卡，唐时称作师子国，宋代称之为"细兰国"，这是锡兰的古代异译。这里以出产猫儿睛、红玻璃脑、青红宝珠著称，这些都是宝石。这里的商人经常到苏门答腊货物集散地去与中国商人进行贸易，以各种香料，诸如白豆蔻、木兰皮、檀香、丁香、龙脑等，来换取丝帛、瓷器等。中国商船西行往往来此停泊，积储淡水，集散货物。

古代印度的对外贸易港不在今天印度北部和中部的加尔各答和孟买，而是在印度次大陆南端的东西两岸，即印度半岛南端西海岸的喀拉拉邦和东海岸的泰米尔纳德邦。宋元时期的注辇国就在南端东海岸泰米尔纳德邦的科佛里河和佩内尔河之间，这里历来为海上贸易之地，汉代时的黄支国就在这一带。注辇国自大中祥符八年（1015 年）遣进奉使来宋入贡。所奉贡品有真珠衫帽各一、真珠二万一千一百两、象牙六十株、乳香六十斤及珠六千六百两、香药三千三百斤。此后，天禧四年（1020 年）、明道二年（1033 年）、熙宁十年（1077 年）等，又陆续不断地入宋朝贡。每次都献上大批珍贵礼品，然后厚赐以遣之，仅熙宁十年就回赐了钱八万一千八百缗、银五万二千两，可见双方以朝贡形式进行的贸易，其数额多么庞大。这里的商人也常到三佛齐、占城及我国的广州、泉州来定居经商，他们以经营珠宝为主，而大食商人以经营香料为主。

宋元时期印度最大的贸易集散和中转的中心故临国，在今印度次大陆南端西海岸的奎隆。当年这里中外海船云帆汇集，商使交属，尤其是大食蕃客寄居这里甚多。这里不仅物产丰富，有椰子、苏木等商品，历来以出口真珠、象牙、珊瑚、玻璃、槟榔、豆蔻、色丝布、吉贝布等闻名，而且东西方贸易货物都在此进行转运。当时中国海船都是大中型的，载重量大，吃水深，在西太平洋和孟加拉湾开阔洋面上航行能抗风浪，颇为适宜。但要向西去大食国，在阿拉伯海和波斯湾沿岸航行就不够灵便了，所以“中国舶商欲往大食，必自故临易小舟而往”。这种小舟主要是指阿拉伯海区惯用的三角帆小船，它们吃水浅、操作性能好，便于深入港湾河汊。但它们由于结构单薄，抗风浪能力差，所以“大食国之来也，以小舟而南行，至故临国，易大舟而东行”。同时，这地区的南毗、古里佛、沙里八丹、马里八儿等国与宋元也有着密切的贸易往来。如南宋时，侨居泉州城南“蕃坊”的南毗国大商人罗巴智力干父子，经商有术，享有盛名。《岛夷志略》中记有：沙里八丹的富人们，将收集到的珍珠，专门等待中国“船至，求售于唐人”。伊本·巴图塔的旅行记中说到他在古里佛时，曾看到港内同时停泊着13 艘中国的商船。

从印度次大陆西行就到著名的大食国了，中国与大食间的贸易往来早在唐代已很兴盛，并以海上往来为主，但仍有通过陆上丝路来往的。到了北宋中期，因河西走廊为西夏所控制，于是宋廷规定，大食来宋，必须“自广州路入贡，更不得于西蕃出入”。凡从陆路来宋的西亚商人，概不放入，从而海上丝路成了宋与大食诸国间交往的唯一纽带。宋元以后，不仅与大食诸国的贸易交往日益频繁，而且对它的了解也更加深刻了。《岭外代答》中已知：“大食者，诸国之总名也。有国千余，所知名者特数国耳。”并指出：“诸蕃国之富盛多宝货者，莫如大食国。”《诸蕃志》中也说：“其国雄壮，其地广袤，民俗侈丽，甲于诸蕃。”可见宋时大食商人的势力在蕃商中居于首位。

尽管当时大食诸国航海来宋需两年方可到达，但大食诸国对宋仍贡赋不绝。据史料记载，从宋初开宝元年（968 年）到南宋乾道四年（1168 年）的 200 年间，仅以大食首领名义来宋贡赋的就有 49 次之多。同时还有大批大食商人来宋经商，他们以香料贸易为主，香料有 40 余种，其中以乳香、龙涎香、苏合香油、蔷薇水、木香、没药、金颜香、安息香等为大宗。也经营犀角、象牙等其他各种奢侈品。这些香料和奢侈品的输入，致使宋代大量铜钱外流，虽一再颁布禁令，仍有大批铜钱在外流通。

宋代的出口以陶瓷为主，中国精美的瓷器在阿拉伯国家享有盛誉，穆斯林学者撒阿利比（961 ~ 1038 年）称赞说：“阿拉伯人习惯于把一切精美的或制作奇巧的器皿，不管真正的产地为何地，都称为‘中国的’。直到今天，驰名的一些形制的盘碟仍然被叫作‘中国’。在制作珍品异物方面，今天和过去一样，中国人以心灵手巧、技艺精湛著称。”他还说：“他们还有精美的、透明的瓷器，用于烹饪的瓷器有时用来烧煮，有时用来烹炸，有时用来上菜。瓷器中最上品的器皿色泽杏黄莹润，其次是乳白色的同类器皿。”作者生活在10~11世纪，他所赞誉的正是我国宋代出口的瓷器。

从阿拉伯国家近年考古发掘来看，阿拉伯地区出土的唐瓷遗物较少，大量出土的陶瓷碎片属于宋代及其以后的。由于出土量很大，这里不便一一历数，仅择一些较为突出的说说：

在今伊拉克境内，在巴格达以北120公里的萨玛拉（曾是阿拔斯王朝的都城），发现有唐三彩式的碗、盘，绿釉和黄釉的瓷壶碎片，中国的白瓷、青瓷片，其中不少是9、10世纪的越窑瓷。在巴格达以南35公里的泰西封废墟，到处是伊斯兰时代的陶瓷片，其中有12、13世纪龙泉窑青瓷片。在巴格达东南60公里的阿比尔塔及其附近，有9、10世纪的褐色越窑瓷和华南白瓷碎片。在伊拉克南部库特东南70公里的瓦西特遗址，出土外侧起棱的南宋龙泉窑青瓷钵碎片和内侧中央贴花的元代龙泉窑青瓷碎片。在叙利亚的哈玛发掘有宋德化窑白瓷片、南宋官窑的牡丹浮纹青瓷钵碎片及内侧中央贴花的元青瓷钵碎片。在黎巴嫩的巴勒贝克发现宋代龙泉窑莲花瓣花纹的青瓷碗碎片和元代花草图纹的青花瓷碗碎片。在阿拉伯半岛上的卡拉托巴林、亚丁东北的阿比延、也门的扎赫兰、阿曼的苏哈尔等地均有宋元时期的青瓷和青花瓷的碎片出土。可见当时中国出口的瓷器数量之多和范围之广。

宋元时期，阿拉伯和南洋诸国商人，源源不断地向我国输入香料，仅熙宁十年（1077年）在明州、杭州、广州三地市舶司就收乳香达到354449斤，其中广州一地就达348673斤；而我国向他们大批大批地出口精美瓷器，所以这条海上丝绸之路，有人又称之为“陶瓷之路”，也有人更形象地称之为“香瓷之路”，看来都有一定道理，都客观地反映了当时海上贸易的最大特点。

大食国为了促进与东方的海上贸易，阿拔斯王朝不惜一切代价3次迁都：先从大马士革迁到幼发拉底河中游的苦法，然后又迁到底格里斯河中游的巴格达，最后迁到萨玛拉。从而使海湾地区的贸易港埠，如末罗（今巴士拉）、乌剌（今乌布剌）、尸罗夫（位于海湾东岸的巨镇，977年毁于地震）、瓮蛮（今阿曼的苏哈尔）、阿丹（又名三兰，属今也门）等港，得到了很大发展。尤其是麻离拔国，是宋时阿拉伯诸国中的魁首。它地处阿拉伯半岛南部的卡玛尔湾头，在中世纪亚丁港兴起之前，是印度洋上巨舶富商集聚的大港口之一，可以说是大食诸国对外贸易的总窗口。这里水陆交通四通八达，几乎遍及整个阿拉伯地区，西亚、北非、东非及阿拉伯半岛上的所有大食诸国都到这里进行贸易。当然它也是中国商船直航阿拉伯世界的第一站，当时中国商船一般先到兰里过冬进行贸易，然后次年乘东北风，一鼓作气横渡北印度洋直达麻离拔，其航程达2500海里，由此足见当时我国远洋航行技术之高超。

宋元时期我国与阿拉伯世界大食诸国的交往达到了鼎盛，不仅宋代有大批商舶前往大食进行海上贸易，元代官方文书中仍时常提到我国海舶前往“回回田地里”，这“回回田地”即指阿拉伯地区。而且史书记载：当时“大食之民，岁航海而来贾于中国者多矣”。这些大食客商在广州、泉州、明州、临安等沿海港口城市聚居，依然自立蕃坊，自行推举蕃长或都蕃长处理公事；他们之间有越规违法行为，则由其蕃长依照伊斯兰教法规自行处置，中国官方一般不予过问。由于来宋的大食商人日益增多，他们举行伊斯兰教活动需要场所，于是在广州、泉州、扬州等地陆续建立起一批我国早期的清真寺。如建于1009年的泉州清真寺——清净寺，初名艾苏哈卜寺，300年后由艾哈默德·本·穆罕默德·古德西重修。据说该寺是仿效叙利亚大马士革的礼拜寺式样建造的；寺内大门甬道后北墙高处有阿拉伯文石刻记道：“这一寺是居留在这一邦国伊斯兰信徒的第一圣寺，最古、最真，众人所崇仰，所以取名叫‘圣友之寺’，建于回历四百年（即1009年）。”1162～1163年穆斯林商人试那围在泉州又专门建立了蕃商公墓。1275年穆罕默德第16世裔孙普哈丁在扬州修建了礼拜寺，即仙鹤寺；迄今普哈丁的墓园仍完好地保存在扬州古运河西岸。

这时期宋元政府不仅对络绎不绝的大食海商予以优惠的经济利益，而且对促进双边贸易有突出贡献的大食商人，还授予官职，以资鼓励。如在广州的阿曼苏哈尔地区的大食商人辛押佑罗，原是大食勿巡国进奉使，曾亲自到京城向皇帝进过贡，在广州居过数十年，家资达数百万缗，任过广州蕃坊的蕃长，并在招邀本国商人来华贸易方面立过功劳，所以宋神宗时封他为怀化将军，又作归德将军。又如南宋绍兴六年（1136年），大食蕃商蒲罗辛一次运来价值30万缗的乳香到泉州，也被授予承信郎之职。特别值得一提的是宋元之际，寓居泉州的大食富商蒲寿庚一家，数代寓居中国，其父蒲开宗从广州移居泉州，寿庚与其兄寿晟曾因协助南宋剿平海贼有功，寿庚被任为泉州提举市舶使，其兄寿晟任梅州知事；不久他们叛宋降元，1278年寿庚任元福建行省中书左丞，实际就是行省长官，负责为元朝招抚南海、西域诸国与元友好通商。其子蒲师文任宣慰使左副元帅，仍兼福建道市舶提举、海外诸蕃宣慰使；其父子擅市舶之利30年，富冠一时。其孙蒲居仁为福建等处转运使；其婿拥有海舶80艘，由于死后无子，家赀被官府没收，仅珍珠就有130担。

更有意思的是一些大食人由于在中国久居或通晓中国事务，成为“中国通”以后，在他们名字后面获得“中国”附名而感到荣耀。如苦法人伊卜拉辛·本·伊斯哈克因长期在中国经商而获得“中国”附名。出身于西班牙的教法官阿卜勒·哈散·萨阿德·哈伊尔·安萨里从马格里布来到中国，因其才华出众，死后也得到了“中国”附名。著名的圣训学家阿卜·阿姆尔·哈米德在华也常被称作“中国的哈米德”。

由上可见宋元时期南海航路空前繁盛，不仅与南洋各国关系更加密切，而且与阿拉伯地区的大食诸国的交往也不同寻常，相互之间的经济文化交流达到了高峰（见图7）。

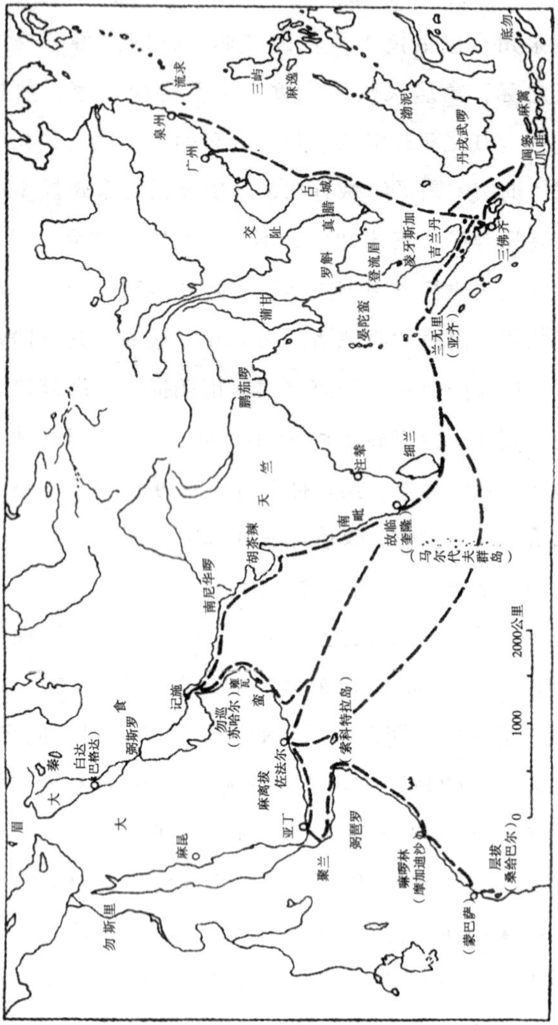

图7 南宋和印度洋沿岸的海上交通

2 海上丝路范围的扩大

宋元时期在南海航路空前繁盛的基础上，海上丝路又继续向西、向南延伸，其活动范围大为扩展，特别是与非洲各国有了新的交往。

在今天北非地区，与我国交往最早，关系最为密切的要数埃及了。自从10世纪下半叶法蒂玛王朝征服埃及以后，阿拉伯帝国迁都开罗，巴格达逐渐失去了昔日的光华，老开罗城即今埃及南郊的福斯塔特取代了它。开罗城地处尼罗河三角洲的咽喉，很快发展成为中世纪的国际大都会，居于诸番要冲。尼罗河出海口、地中海的港口杜米亚特的发展甚至也超过了亚历山大城。埃及在宋代史籍中被译为“勿斯离”或“勿斯里”；而杜米亚特在《岭外代答》中译为“陀盘地”，其他史料中一般译为“陀婆离”。早在咸平三年（1000年），北非使者穆吉鼻来到中国，在他们回国时，宋朝赐予其舶主陀婆离银2700两、交倚水灌器、金镂银鞍勒马等物。在大中祥符元年（1008年），宋朝政府与法蒂玛王朝正式建立联系，这年陀婆离船主来到中国，受到宋真宗的特殊恩宠，特准他跟随真宗到泰山朝献，参加盛典。随后大中祥符四年（1011年）宋真宗祀汾阴后土祠，埃及又派归德将军陀婆离带了大批礼物来朝贺，受到真宗最高级别的接待，请使者陪位，并赐以冠带服物。在天禧元年（1017年）特别批准埃及商人在中国经商可以减免一半商税。其后在 1018 年和 1073 年杜米亚特港两次派遣使者来华，带来许多珍贵的礼品。由上可见，整个 11 世纪埃及杜米亚特港与宋朝的关系亲密无间，其使者受到宋廷最尊敬的接待。

宋元时期留居中国的大量阿拉伯商人中就有很多埃及人，他们主要居住在南方海港城市，如广州、泉州、杭州、扬州等地。1965 年冬在泉州东岳山西坡发现一块刻有中文“蕃客墓”的墓碑，下面刻有一行阿拉伯文小字，其意为“埃及”，上面刻有 3 行阿拉伯字母，这里墓主的名字是“伊本·阿卜杜拉·穆罕默德·伊本·哈桑”。从墓碑石料和所刻阿拉伯文的字体来看，可推断墓主为 11、12 世纪的埃及人。14 世纪摩洛哥旅行家伊本·巴图塔来华访问时，就碰上了世居杭州的埃及大商人欧斯曼和摩洛哥商人布什里。这些众多的北非商人来华经商定居，使当时中国人对非洲和穆斯林文化能有更多、更深的了解。这从《岭外代答》和《诸蕃志》的记载中可以得到充分反映。

在《岭外代答》中对北非地区，除了记述勿斯里国（今埃及）外，还记有默伽国、眉卢骨惇、木兰皮等国。默伽国在《诸蕃志》中为默伽猎国，原是阿拉伯语“马格里布”的对音。“马格里布”原意是指西方，以后主要指埃及以西的地方。从公元 1 世纪起，阿拉伯地理学家把木卢亚河以西的马格里布分出来，专称为“马格里布”或称作“西马格里布”，这样马格里布成了摩洛哥的专称。由此产生的“中马格里布”便是指今阿尔及利亚中、西部地区。

至于木兰皮国，那是12世纪上半叶统治摩洛哥等地的穆拉比王朝的对音，也是指马格里布，不过它的版图还包括今西班牙南部地区，由此向北可通往北欧。《岭外代答》在“海外诸蕃国”中记载说：“又其外则木兰皮国，为极西诸国之都会。……大食之地甚广，其国甚多，不可悉载。又其西有海，名西大食海。渡之而西，则木兰皮诸国。”这里的西大食海即为地中海，其国临海，所以造船业很发达，所造的木兰船很大，能容千人，船上有机杼、市井、酒肆等，可贮数年粮食。宋元史料中所记木兰皮国的内容，基本上大同小异，均取材于《岭外代答》。

眉卢骨惇在《诸蕃志》中省略为“芦眉国”，元代的《异域志》中又记为“马罗国”，它也是指西马格里布，确切地说，是马拉喀什城。这里是穆拉比亚王朝的政治中心，是西马格里布的大都会。该城被称之为“七重城”，“七”是众多的意思，也就是说，那里是个有众多城堡的城市。城内有北非最为壮观的建筑——库杜比亚高塔，是现存最完整的穆拉比亚时代的建筑。塔高67米，呈正方形，共有6层，每层中间有一大厅，有60间房，全塔共有房360间，全塔装饰华丽，塔顶中央有气楼，上面装有三个镀金的大铜球，离塔30公里即可望见其光彩。

《诸蕃志》中还记有毗喏耶，这是阿拉伯语的贝鲁亚的对音，是指的黎波里至特莱姆森一带，今北非利比亚、突尼斯、阿尔及利亚沿海地区。贝鲁亚是北非海上贸易重要港口，储有品种繁多的货物，是个大货栈；有发达的造船业和手工业。《诸蕃志》记：“珊瑚树出大食毗喏耶国”，就是指闻名于世的铁网珊瑚出自于这一带沿海地区。

《诸蕃志》中甚至还记到位于西非的茶弼沙国：“王着战袍，缚金带，顶金冠，穿皂鞋。妇人着真珠衫。土产金宝极多……系太阳没入之地。”这显然是指“黄金海岸”加纳。元代周致中在《异域志》中特别指明：“汉有人至之”，其意即“有汉人至之”，说明当时中国商人也已到过那里。

这时期在与北非地区日益增进的交往中，通过海上丝路使双方经济文化的交流得到了很大发展。特别是中国的瓷器，虽自唐代已开始输入非洲，但大批地运往非洲是在宋元以后，并对当地的人民生活产生了巨大影响。

在开罗南郊的福斯塔特遗址出土的大量中国陶瓷片中，宋元时期的占绝大部分，这里包括宋初越窑青瓷、定窑白瓷，11～15 世纪的龙泉青瓷，景德镇青白瓷，和其他窑口的青花瓷等，仅元代青釉瓷器优质瓷片，就出土了好几百片。明清时期的瓷片也有发现，中国各大名窑的瓷器几乎应有尽有。这里好像是一座可以体现中国古瓷完整的发展系列，名副其实的中国古瓷地下博物馆。

在开罗东端阿斯巴尔清真寺附近的山丘一带，散布着大量优质的南宋、元明时期的龙泉青瓷，景德镇青白瓷及青花瓷等。这些瓷片在开罗附近还有许多零散的发现，霍布森在开罗附近进行调查后，感慨地说：

“在开罗周围到处散布着青花瓷片。”当时中国的瓷器不仅为富家豪宅的陈设品，实际已深入到开罗周围民间千家万户。

埃及其他地区发现中国宋元瓷器也不少，亚历山大城位于尼罗河河口，曾是埃及著名港口，1964年波兰考察队曾在这里发掘出一批12~14世纪的龙泉青瓷片。在苏伊士南约550公里的红海西岸的库赛尔，曾是埃及红海沿岸唯一稍具规模的重要港口城市，它从罗马时代持续到13、14世纪，日本著名陶瓷专家三上次男在此发现唐末、宋初越窑青瓷，宋代龙泉青瓷，景德镇青白瓷，元末至清初的青釉瓷器碎片等。在埃及与苏丹间的阿伊扎布港，遗迹沿海岸延续长达2公里，中国的陶瓷片在这里俯拾即是，从唐末至明初的瓷片竟达千余件。在朴素的黑釉瓷壶碎片中，发现了有“□清香”戳子的瓷片，显然是广州一带烧制的瓷壶，因贮存香料之类货品而运到此处，这是很罕见的。这里曾是渡越万里波涛而来的中国陶瓷的主要卸货场所。在埃及南部的阿斯旺，位于尼罗河第一瀑布旁，曾是法蒂玛王朝迁都开罗前的首都，也发现南宋至元朝的青瓷片。在阿斯旺南部努比亚的结贝尔阿达，发现有12~14世纪的中国青瓷片。可见中国瓷器已深入到埃及内地了。

直到12世纪中国青瓷仍为埃及非常畅销的名牌货，被当做极为珍贵的礼品。著名的艾优卜苏丹萨拉丁因富有青瓷而名噪一时，中国青瓷传到欧洲，欧洲人只知道埃及苏丹有这种精美的器皿，因此称它为萨拉东。1171年萨拉丁向大马士革苏丹努尔丁所赠礼品中有40件是中国的青瓷。可见当时埃及和大马士革及北非濒临地中海的港口，是中国瓷器传向欧洲的大门。

值得一提的是，摩洛哥大旅行家伊本·巴图塔在中国看了瓷器制作过程后，感慨地说："中国瓷器……详细制法，愿请得而述之。瓷土稍加该地所产之矿物，烧三天，取出，倾水于其上。全体如洗，使之发酵。最佳之瓷，须发酵满月，但不能过久。若短期发酵，至十日者，其品质甚似吾国之陶器。亦有较佳者。中国人将瓷器转运出口至印度诸国，以达吾乡摩洛哥。此种陶器，真是世界最佳者。"迄今虽未在摩洛哥发现宋元瓷器碎片，但近年有人在摩洛哥非斯博物馆见到有方形彩绘的明瓷，说明宋元时，从其他港口转运中国瓷器到摩洛哥，不是不可能。

宋元时期我国三大发明西传，对推动西方文明发展具有深远意义。我国的造纸术早在唐代怛逻斯战役中，由战俘传到阿拉伯地区，约于9世纪末传到埃及，约在1100年后开始传向摩洛哥，并于1150年后传入西班牙。我国的印刷术在10世纪左右传到埃及。元代出现纸币后，1338年阿拉伯地理学家阿合玛·昔拔不丁就向北非地区介绍说：中国人把桑树纤维所制成的长方形纸片作纸币，上面印着皇帝的名字。使用这些纸币的时候，把它拿到官吏那里，打些折扣，取得另一票子，犹如在我们的造币厂以金块银块变换铸造的硬币。伊本·巴图塔在中国看到纸币后，也这么说：在中国"买卖都用纸币，大如手掌，上面印着皇帝的玉玺”。

我国的火药发明于唐代，到宋代已正式用于制造火器了；这种火药约于13世纪下半叶传入埃及，他们把硝石称之为“中国雪”。

当然，这时期埃及也有不少成就，随着大批阿拉伯人来到中国而将这些成就传来。诸如埃及天文学家伊本·尤尼斯的历表，对我国历法制作有很大影响。元代以后，我国天文仪器巨型化，也是受埃及影响的结果。西方制糖方法，最早在唐代已传入我国；到了元代，有种新的制糖技术由埃及传来，可以除去黑渣，大大提高了糖的质量。难怪伊本·巴图塔在中国看到中国制糖术后，说道：中国“制糖之多，一如埃及；其糖之质，比埃及尤佳”。可见中埃两国经济文化交流是互动的。相互交流、相互吸收，推动了人类文明不断向前发展。

宋元时期与东非的交往更为密切，早在北宋淳化四年（993年），泽拉船长李亚勿随多次来往中国的希米雅尔船长蒲希密来到中国，不巧船到海南，蒲希密因年老病亡，便将所带方物交李亚勿来献。当李亚勿后来到了开封，献上贡品后，宋太宗赵匡义问其国情，《宋会要》记载，他“对云，与大秦国相邻，为其统属。今本国所管之民才及数千。有都城介山海间。又问其山泽所出。对云，惟犀象香药。问，犀象以何法可取？对云，象用象媒诱至，渐以大绳羁縻之耳。犀则使人升大树，操弓矢，伺其至，射而杀之。其小者不用弓矢可以捕获”。记载如此具体生动，这对常用象牙犀角用品的皇家贵族来说，极为新鲜。

泽拉位于亚丁湾南岸，与也门亚丁遥遥相对，是阿达勒酋长国的主要港口，曾臣服埃塞俄比亚，宋初埃塞俄比亚仍以大秦相称。当时阿达勒酋长国与宋交往密切，多次派遣使者来广州。至道元年（995年）二月，有蒲押陀黎以方物来贡。其后咸平二年（999年）闰三月，又有泽拉商船抵达广州，有蒲押提黎献象牙四株，楝香二百斤，千年枣、白砂糖、葡萄各一琉璃瓶，蔷薇水四十瓶，作为宋真宗登基贺礼。这里的押陀黎、押提黎都是阿达勒的不同译称，这些"使者"实际上主要还是"客商"。泽拉正式派遣使者是在咸平六年（1003年）。《宋会要》记这年六月："其王阿苏遣使婆罗钦、三摩泥等来贡方物。是岁承天节，其使与蒲端、三佛齐使皆在馆，诏赐袭衣，仍预大宴"。这里的三摩泥即索马里的译音，其使者在宋受到了隆重的接待。不久，大中祥符元年（1008年），李亚勿船长又派使者李麻勿向宋朝进献玉圭，仍然受到隆重接待。

泽拉又被译成层檀。神宗时，熙宁四年（1071年）层檀国使者层伽尼第一次来到广州；到元丰四年（1081年），这位层伽尼使者再次被派来中国，在广州逗留了一年多，于1083年方抵开封都城，受到隆重接待。泽拉在十字军东征前，一直是中埃贸易的中转港，这里与非洲内地交通发达，汇集了非洲各地物产，是埃塞俄比亚奴隶和马匹的输出中心。与中国往来十分频繁，直到十字军运动兴起后，这里与宋朝官方往来才中断。元朝广州海舶常到科泽科特，泉州舶经常出入佐法尔港和亚丁，他们与泽拉的埃塞俄比亚商人经常进行交易。

1281年10月忽必烈派遣阿耽出使非洲利凡特和埃及，这两地在《元史》中被称为法里郎和阿鲁乾伯国。这是中国使者第一次正式访问西亚和埃及开罗。《元史》记载，在阿耽出使埃及的第二年，1283年9月就有古答奴国“因商人阿畏等来言，自愿效顺”。这个古答奴国为当时的埃塞俄比亚的古译，可见埃塞俄比亚是与元朝最早结交的非洲国家之一。1291年9月，元朝政府又派特使去埃塞俄比亚访问，因两国统治者都倾向信奉基督教，所以关系比较密切。

在今索马里北部，当时有个小国叫三麻兰，相当阿拉伯地理书中的巴巴拉，《诸蕃志》中译为弼琶啰；而在今索马里南部则是与弼琶啰交界的中理国。继上面提到的1003年有位来自泽拉的三摩泥使者来华以后，大中祥符四年（1011年）又有一位三麻兰国的船长聚兰，和阿曼的苏哈尔船长、摩加迪沙船长以及埃及杜米亚特使者一起来华，在广州登岸，到开封朝贺。上述“三摩泥”、“三麻兰”，都是指今索马里。《诸蕃志》记这地区产龙涎、大象牙及大犀角，象牙重百余斤，犀角重十余斤，亦多木香、苏合香油、没药、玳瑁。

宋代时索马里对华贸易港，北端有泽拉，南部有摩加迪沙。泽拉为北宋初期中索贸易主要港口，以输出香药为主，乳香、木香、没药、苏合香等为其大宗，同时也出口象牙、犀角和玳瑁等当地特产。以后随着时间推移，摩加迪沙发展很快，在对华贸易方面甚至超过了泽拉，成为东非地区最大商业城市、主要港口和贸易基地。11 世纪下半叶，中国商船开辟了东非航线，也常到摩加迪沙港进行海上贸易。由于宋代皇室大量使用象辂，官员多佩象牙笏、带，所以对象牙需求大增，摩加迪沙成了对华象牙贸易的最大港口。南宋以后，对香药需要不断增长，其中乳香、木香、没药、血竭、龙涎香、安息香、琥珀、玳瑁、芦荟等，主要出自索马里，从而与索马里的海上贸易活动日益繁盛。13 世纪后期，两国交往更加密切，1282 年忽必烈派遣使者访问了摩加迪沙，1285 年摩加迪沙也派使者来华回访，《元史》记载 1286 年有东非 10 国与印度、斯里兰卡、苏门答腊等国使者同时来华，其中就有摩加迪沙的使者。伊本·巴图塔于 1332 年访问了摩加迪沙后，说这是一座很大的并有许多富商聚居的城市。

在摩加迪沙以南，是东非沿海阿拉伯人移民地区，这些移民原居住，在波斯国之西，其人目深，举体皆黑。因这里从地理纬度来看，位于爪哇之南，因此中国史籍中将其称之为南海大食。北宋太平兴国二年（977 年），来华的大食使者的随从皆目深体黑，显然是来自非洲东岸的桑给人。以后在元丰年间（1078 ~ 1085 年），也接待过这种目深体黑的使者。当时爪哇人曾横渡印度洋，来到东非桑给海岸交换商品，开辟了以爪哇人为媒介的中国—爪哇—坦桑尼亚的贸易航线。从而推动了东非黑人和苏门答腊、爪哇之间的海上贸易，也使他们取道印度洋南部地区与中国进行商业贸易活动。11世纪下半叶，中国不但在苏门答腊建立了牢固的贸易基地，而且在马尔代夫群岛、东非沿海的曼达岛和桑给巴尔岛设立了新的贸易站。当时东起爪哇、苏门答腊，西至东非的奔巴、桑给巴尔和马达加斯加诸岛，大部分地区都已成为中国海上丝路又一扩展的贸易市场。

在今肯尼亚北部沿海拉木群岛中的曼德，是当时中国商船经常停靠的地方。而肯尼亚的格迪，北距马林迪16公里，在10～16世纪，曾是这一地区重要海外贸易城市。其南部面临小海湾，有充足而又良好的水源，是马林迪和蒙巴萨间唯一能供应淡水的地方。这里有珍贵的金属、象牙和奴隶可以出口，同时也是中国瓷器的集散地。在其南3公里有基卢普，位于米达港湾的一个小岛上。这里出土的中国瓷器之多，名列东非之首，可见这里曾是中国商船重要贸易基地，它实际上是格迪的外港。

位于今坦桑尼亚南部的基瓦尔岛，西距非洲大陆海岸仅一公里，岛上基瓦尔港是坦桑尼亚南部的良港，是当时北起奔巴、桑给巴尔，南至姆里马地区和莫桑比克北部，广大黑人居住地区的政治和商业中心。基尔瓦是10世纪以后兴起的东非海岸最重要的伊斯兰贸易城。12世纪末建造了华丽的宫殿、雄伟的清真寺、坚固的城墙的塔楼。这里全盛时，以基尔瓦为中心，所建立的桑给帝国曾是从奔巴、马菲亚、桑给巴尔以至索法拉和洋中一切岛屿的主宰；其势力范围扩张到今卢旺达、布隆迪、赞比亚、埃塞俄比亚南部和扎伊尔东部。《宋史》记载：宋神宗时（1068~1085年），桑给帝国曾两次派遣使臣僧伽尼来到中国通商致好，宋朝政府除回赠大量锦绮彩绢外，并赐白金（银）2000两，封其使者中郎将等荣誉称号。13~14世纪初，基瓦尔控制了以莫桑比克索法拉港为集散地的黄金贸易，直到16世纪初葡萄牙旅行家巴尔波萨仍看到：基尔瓦街道十分整洁，城内有许多黄金，因为往返索法拉的船舶没有一艘不在岛边抛锚。该城直到15世纪末，因蒙巴萨的兴起才失去其在东非的支配地位；到1846年以后，因其苏丹国的灭亡而沦为废墟。在基尔瓦遗址发现有北宋至明初的铜钱20余枚，这里曾出土大量中国古瓷，不仅是坦桑尼亚出土中国古瓷最多的地方，而且也是非洲出土中国古瓷最多地点之一，甚至被称为东非的“福斯塔特”。

有位阿拉伯史学家曾经说过：中世纪的东非史，可以说是用中国瓷器写成的。在对格迪城的发掘中可以看出，在中世纪的东非地区，至少殷实人家餐桌上的食具，通常用的都是中国瓷器。同时用中国瓷器作建筑物的装饰品已成为当地一种特有风尚。在他们的宫殿、清真寺的墙壁上，往往都镶嵌着中国瓷器，以此显示它们的华丽、高贵。甚至在墓碑上也饰以中国瓷器，在那些高达数米的巨大石柱上，无论是圆形的、四角形的、还是六角形的，都用中国瓷器加以装饰。其花纹有花、鸟、鱼、虫、野兽、麒麟、树木、水果等。有的在墓碑顶端冠以中国瓷罐，他们以中国瓷器作为对死者最美好的祝愿，让人类最精美的中国瓷器永远陪伴着他，并供他们时时观赏或使用。

所以在东非发现的中国古瓷多得惊人，甚至被人称之为中国古瓷的储仓。从埃塞俄比亚到塞舌尔群岛，整个东非沿岸几乎无处不见中国古瓷。埃塞俄比亚发现中国古瓷的重要地点有 8 处，以今索马里的撒丁岛为主要卸货场。索马里有 11 处遗址发现中国古瓷，最为集中的是与埃塞俄比亚交界处的博腊马地区，泽拉和摩加迪沙两城更有大量发现。在肯尼亚由于沿岸良港众多，海上贸易发达，与中国很早就有贸易往来，中世纪以后，大量中国瓷器涌入这里，当地人自豪地称为“中国拉姆”，意思是从拉姆岛运来的中国瓷器。这里发现中国古瓷的遗址达 40 多个。至于坦桑尼亚发现中国古瓷更多，已发现的遗址有 60 多处，英国考古学家惠勒总结他在坦桑尼亚发掘时说：“我生平从未像过去两周在这里沿海和基尔瓦岛看到如此众多的瓷片，毫不夸张地说，这里的中国瓷片可以整铲整铲地铲起来。……我认为，公平地说，就中世纪而言，从 10 世纪以来，坦桑尼亚地下埋藏的历史是用中国瓷器写成的。”南部基尔瓦岛上发现的中国古瓷更是多得惊人，前面说过，这里被称作东非的“福斯塔特”。这里出土的中国古瓷，不仅量多，更重要的是质高，有许多宋代以后的瓷器精品。

除了北非、东非以外，在中南非也有许多中国古瓷的遗迹，分布面极广，在赞比亚河以南，即津巴布韦、莫桑比克、博茨瓦纳以及南非德兰士瓦等地约有

200多处遗址。其中以大津巴布韦遗址的规模最大，时代最早。整个非洲约有17个国家和地区，数百个地点发现中国古瓷，其分布之广，数量之多，种类之丰富，延续时间之长，实在令人惊叹不已。可以毫不夸大地说，非洲是一座中国古瓷的巨大宝库。这正是宋元时期海上丝路扩展的结果。

3 中日贸易持续发展

自唐亡以后，五代十国迭起，政局不定，对外交往唯有吴越国和后梁商船与日本还保持密切联系。因吴越国地处唐代对日贸易中心扬州、明州，拥有对外海上贸易的各种有利条件，从唐亡至宋建国的50多年中，去日商船约有15次，平均3年多一次，只是规模比遣唐使时要小一些。这时期都是中国船赴日，没有日本商船来华的迹象。

北宋时期相当于日本藤原氏全盛期前后，这时日本已与唐代时不一样了，不再渴求学习，全盘照搬，而是从引进中国文化逐渐向本国文化演进，当时日本正处于本国文化的繁荣发展时期，从此开始了百余年的闭关政治。北宋时期与日本一直没有正常的外交关系，但贸易关系从未中断，当时对日贸易主要是通过民间贸易方式进行的。北宋政府比较积极主动，大力支持鼓励海商对外贸易活动；而日本政府却严禁本国商人私自渡海来宋贸易，如有犯者，不仅没收货物，还对本人处罪；所以这时期基本上只有宋朝商船来往两国间。但日本政府对宋朝商船去日贸易还是比较重视的，能予以热情接待。

由于是民商贸易，所以在中国史籍中记载很少，日本史书中虽有记述，但也不全。据不完全统计，北宋一百六十余年中，宋朝商船去日本共约70次，平均两年多一次，比五代十国时还要频繁。开始一般为一年一船次，988年起改为一年二船次，随后到1008年增至一年三船次，从1026年起又增至一年四船次。随着船次增加，必然加重日方接待费用，日本为了控制宋商来日，便对来日的宋朝商船发给官牒，规定年限实行定期贸易。在巨额利润诱惑下，有的宋商实际上并不按规定行事，往往提前去日贸易。对未按规定来日的商船，被查出后日方有时不准该船入港。于是宋商或以其他借口，谎称遭风漂来日本，或越过大宰府将船驶入离都城较近的若狭湾、但马、越前等港口进行私下贸易。当然也有被拒绝而驱逐回国的。

正常贸易商船到达日本博多港后，由大宰府派通事到船上验证宋市舶司所发的公凭（即护照）、船员名单、货物名称、品种、数量等等，然后呈报太政官，等待批准交关贸易。如获批准，则由鸿胪馆接待，按例供应食宿。然后将所带货物按规定先与官府交易，后许民间自由买卖，再将大批日货运回国内。有的船甚至直接驶入靠近都城的越前敦贺港，那里设有松原客馆负责接待。

南宋时期相当于日本武家兴盛时期，最初30年，因宋廷忙于对金和战，故宋船去日本甚少。据日本史料记载，仅有1150年刘文仲航抵日本一例。日本自武家平清盛执政后，撤销了禁止日商出海贸易的命令，从而日本商船又重新活跃在中日两国航线上。平清盛在努力与南宋恢复官方交往的同时，为了增进与宋贸易关系，还在摄津的福原（今神户附近）特地营造了招揽宋商的别墅，修筑了兵库港，开通了音户的濑户（今广岛与仓桥岛之间的海峡），使更多的宋船能直接驶入濑户内海，能停泊在京都附近。在日本政府积极支持下，日本商船来华与日俱增，《开庆四明续志》记载：当时倭人冒鲸波之险，舳舻相衔，以其物来售。有时一年之内来宋日船竟达四五十艘。史书记载，在淳熙三年（1176年）、淳熙十年（1183年）、绍熙四年（1193年）、庆元五至六年（1199～1200年）、嘉泰二年（1202年）等，常有日本商船遇风漂到南宋沿岸，受到社会赈济。总的来说，南宋时期宋日两国商船往来不息，出现一片繁荣景象。

到了元代，中日间的贸易往来出现了一些波折，元朝初年也曾积极开展对日本的贸易活动。最明显的是，当至元十四年（1277年）日本商船来到庆元（即今宁波），持黄金要求兑换铜钱，忽必烈为了诱使日本通好，破例开了自宋以来铜钱出海之禁。第二年（1278年），在扬州设立了淮东宣慰使，并专门诏谕：沿海官司，通日本国人市舶。接着1279年，日本商船四艘篙师二千多人来到浙东庆元要求贸易，准许交易后回国。未料至元十八年（1281年）元朝发兵渡海攻打日本，发生了弘安之战，使中日间贸易往来中断了

10 年之久。随后战争阴影虽依然笼罩，但中日贸易往来迅速得以恢复。至元二十九年（1292 年）即有日本商船 4 艘来元，途中遇暴风，3 艘破毁，仅 1 艘抵达庆元，元朝虽有所戒备，但仍准其贸易。对于元朝政府之宽怀，连日本方面也赞叹说：可见元人欢迎通商之诚。此后日本商船经常泛海来中国贸易，日渐增多，以至几乎无年不有，频繁之极，空前绝后，连日本学者都感叹："元末六七十年间，恐怕是日本各个时代日商船开往中国最盛的时代。"而这时期中国商船赴日却不多见，仅在元代后期偶有一两次，所以整个元代，几乎清一色都是日本海船航行在中日交通线上。

宋元时期中日双方贸易的主要港口，中国的是明州（南宋中期以后改称庆元府），日本的是筑前的博多（今福冈市）。不过中国方面江南沿海尚有秀州华亭县（今上海市松江县）、江阴、杭州、温州、泉州等港口；而日本方面肥前的平户岛已逐渐成为双方的中途停泊港。12 世纪中叶，日本在博多港开凿了一个长袖形的人工港，称之为"袖凑"。20 世纪 90 年代，在"袖凑"遗址附近发现了当年中国商人和船员居住的遗址，并出土了"元丰通宝"、"绍圣通宝 "等宋代铜钱，还有大量青瓷和白瓷，这些都是当年中日双方在此进行频繁海上贸易活动的实物见证。这时期的航路基本上依然是唐代开辟的那条南岛线。由于已基本掌握了对季风的利用，一般三、四月间利用春季的东北季风，由日本来中国；然后五、六月间利用初夏的西南季风，从中国返回日本。顺风时只需六七天即可到达，一般也只需10天左右可以到达。途中风险比以前小多了。

这时期双方贸易物品远较唐代广泛，从日本进口的货物，在《（宝庆）四明志》中记载，分为“细色”和“粗色”两种，“细色”货物有金子、砂金、药珠、水银、鹿茸、茯苓等；“粗色”货物有硫黄、螺头、合蕈、松板、罗板等。此外还有折扇、宝刀、螺钿器等手工业品。其中木板和硫黄占很大比重。

日本盛产杉木、罗木和松木，有的长达四五丈，径长四尺多，在当地解为枋板，运到中国发售，颇受欢迎。日本许多入宋僧人，如荣西、重源、辨圆、湛海等都筹办过木材运来南宋之事，帮助兴建寺庙。南宋宫廷中某些建筑，也用日本的罗木建造。诗人陆游曾想购买日本木材作棺材，他说：“四明（指今宁波）、临安（即今杭州）倭船到时，用三十千可得一佳棺。”

宋代火药已被用来制造火器，硫黄是火药中重要成分，还可用来配药，需求量很大。北宋元丰七年（1084年）一次从日本进口硫黄达50万斤。在入宋僧成寻的《参天台五台山记》中，讲他来中国途中，遇到明州商人陈咏、广州商人曾聚等，都是去日本贩运硫黄的。史书记载，南宋绍兴十五年（1145年）十一月，曾有一艘日本商船被漂到温州平阳，船上所载货物主要是硫黄。可见当时硫黄进口量很大。

日本工艺品的工艺水平很高，别具特色，如金银莳绘、螺钿器皿、水晶、日本玉、木念珠、真珠、屏风、日本扇、日本刀等，颇受宋人喜爱。漆器原为中国向日本出口的商品，经日本人民模仿改进，其质量、款式甚好，深得宋人欢迎，反向中国出口了。再说铁器刀剑，早在汉时已向日本出口，南宋时日本刀反受宋人所爱，甚至可以价值“百金”。著名文学家欧阳修曾写《宝刀歌》，专门赞颂日本刀：“宝刀近出日本国，越贾得之沧海东。鱼皮装贴香木鞘，黄白闲杂鍮与铜。百金传之好事手，佩服可以禳妖凶。”在北宋都城东京开封相国寺的市场上，出卖的日本漆柄折扇，极为精美，扇面绘有淡粉画，宋人誉为笔势精妙，元代诗人赞称这种折扇巧艺夺天工。

当时由中国向日本出口商品主要是香药、茶碗、锦、苏芳等，以及经卷、书籍、文房具、绘画、禅寺用具、各种珍玩等。

中国的丝织品日本称之为唐绫、唐锦，而日本自制的丝织品称为和绫、和锦。唐绫、唐锦在日本很风行，日本人所衣皆布，有极细者，得中国绫绢则珍之。除了丝织品外，中国还出口木棉布，日本史籍记载：“綵者，布也。亦名木绵。木绵者，木名也。在大唐取此木之中绵织为布，其色净白也。大宋商客多所持来也。其色多染黄，虽然本色白也。”

自唐以来，日本一直从中国进口陶瓷，宋元时期我国大量出口瓷器，其中大量出口到日本。不过这时期日本同时引进了中国制瓷技术，日本尾张地方的加藤四郎来南宋留学，在华学习了制瓷技术，回去后在濑户设窑烧瓷，世代相传，被称作“濑户烧”，成为日本瓷器的鼻祖。

至于香药，在日本尤为珍贵（中国也是从南海转运来的），主要为上层统治者所用，中国出口量有限。各种珍玩主要是些珍禽异兽，如鹦鹉、孔雀、犬、马之类，为数不多，也是供日本朝野豪家豢养。

宋日贸易中一个突出变化是日方大量减少从中国实物进口，尽量收取铜钱。因当时日本所铸铜钱，质量低劣，大小分量不一，社会上不能流通。从10世纪末，日本铜币已完全停止使用，社会上主要流通宋代铜币，所以迫切需要宋代铜钱。尤其是南宋时，正值日本镰仓幕府时期，国内商品交换日益增多，对货币需求增大。日商常以砂金来换取宋钱，最多的时候，总额近四五千两之多。而大批铜钱外流，也造成宋朝国内钱荒，所以从北宋开始，三令五申，一再禁止，但那时仅仅是宋朝商船携带少量外流。可是到了南宋，日本商船来华增多，由日商直接偷运，致使大批铜钱外流，南宋政府不得不采取种种措施，监督制止铜钱外流，但铜钱走私仍然盛行，屡禁不止。所以元初，日本第一次来元贸易时，就要求以黄金兑换铜钱，忽必烈破例开禁，满足了他们的要求。

日本通过与宋的经济贸易交往，促进了其国内商品经济的发展，古老的城市在以往的政治中心逐渐扩展了商业区域；在众多的寺社周围、交通要冲也相继出现了集市。原来寺院庙宇林立，气氛端庄肃穆的奈良也开始出现商业町街。从京都到四国的河川沿岸，或从北陆到京都一线的小滨、敦贺、纪州、新宫等港津，以及在琵琶湖沿岸的大津和坂本等地，在鸟羽、山崎、木津、尼崎、西宫、兵库等城镇，到处集市纷起，大大促进了市场的繁荣。甚至类似宋代牙行性质的“问丸”也出现了。

茶叶自唐传入日本以后，日本开始有了饮茶习惯。开始只是偏重药用，饮茶之风不盛；到了南宋时，由学问僧荣西从中国带回了新的茶种，在筑前脊振山、山城栂梶等地栽种，使栂梶成了日本第一产茶地。他还著有《吃茶养生记》，提倡吃茶养生之道，于是饮茶风气大兴。到元代时，日本茶会风行。这种茶会完全仿效宋元茶会方式，并在烹茶技术、茶会仪式、茶会场所的布置等方面有新的发展，逐步形成日本上层人物参与的茶会。茶会的兴起对食物的烹调、住宅建筑、室内装饰、庭园建筑艺术等许多方面都产生了很大影响。这种风气经过日本化后，逐渐由复杂变为简单，由浓厚变为淡泊。逐渐使饮茶之风流行到下层社会，将静寂闲雅的趣味普及到百姓之中。人们只是邀集几个知己朋友，在一间普通小屋，用简单器皿，烹茶小饮，在平淡而又闲静清寂之中寻求雅趣，这就是民间流行的茶会，称之为“茶之汤”。

在文化交流方面，这时期主要有不少入宋僧、入元僧和入籍宋僧、入籍元僧的往来。北宋时由于没有日船来华，所以入宋僧较少，较为著名的有奝然、寂昭、成寻等人，史籍留名的也不过一二十人。他们来宋不为求法，几乎都不拜访高僧，不学佛法；而是巡礼法迹，多去天台山、五台山等地巡游。南宋中叶后，日宋双方商船往来频繁，入宋僧人大增，至少有百余人。他们除了继续巡礼法迹外，有的为传习律宗，有的为学习禅宗而来。他们将南宋盛行的禅宗引入日本，荣西回国后在博多修建了圣福寺，在镰仓开创了寿福寺，在京都创建了建仁寺，使日本禅宗从此大兴起来。特别是来日宋僧对当时执政的镰仓武士产生很大影响，以致直接影响到以后武士道精神。到了元代，由于日本商船来华频繁，入元僧也大增，仅史册留名的就有220多人。其中有不少杰出之士，他们在中国不但学习了佛法，而且还把中国的儒学、诗词、书法、绘画、建筑、印刷等方面的先进文化带回日本，促进了日本文化的发展，对日本的经济文化生活产生了深远的影响。

4 与高丽的经济文化交流

公元9世纪，朝鲜半岛上新罗国内阶级矛盾尖锐，百济、高丽又在旧土上重建王国，从而再次出现三国鼎立局面，史称后三国。936年王建统一了全国，国号高丽，史称王氏高丽，或称后高丽。960年中国宋朝建立，宋一代北方有辽、金王朝与之对峙，高丽与宋难以通过陆路往来，两国间主要通过海道来交往。由于两国是近邻，交通十分方便，所以无论是两国间官方使节交往，还是民间贸易往来都极为频繁。

962年高丽就派遣了第一个使节来宋“献方物”，开始了两国友好交往。其后，在1030年高丽组成有293人的使节团来宋，进贡金器、银𠛮刀剑、鞍勒、马、香油、人参、细布、铜器、硫黄、青鼠皮等物。次年二月，辞归赐予有差。其实这期间（即宋初至

1030年间)，宋赴高丽使者共有10次，而高丽来宋使者有30次。此后因高丽、宋、辽三国间复杂的外交关系，相互间使节往来中断了四十余年，直到1071年高丽使节才复带礼物来宋朝贡。由此至北宋末年，宋使去高丽有14次，高丽使者来宋共33次。仅北宋166年中，双方通使就达87次，平均不到两年就有一次；何况其中还中断了40多年，实际上差不多三年有两次交往，这是何等的密切。

以上只是官方通使交往，更多的还是民间贸易往来。有人据《高丽史》统计，仅北宋期间，宋商去高丽的共有103批，计3169人，有时一批多达数十人至百余人，其中不少人都是多次去经商的。福建人居多，其次是浙江人；《宋史·高丽传》中亦说：高丽王城有华人数百，多闽人。这与当时受辽的威胁，改走南路，以明州为主要贸易港有很大关系。再说当时高丽商人来宋经商的还有不少，明州、登州屡言高丽海船有风漂至境上，北宋政府均倍加关怀，给予渡海用粮遣还。宋神宗时还特地赐明州及定海县高丽贡使馆名曰“乐宾”，亭名曰“航济”。由此足以反映双方民间贸易之繁荣。

这些民间商人往来，不受两国关系影响，甚至为促进两国关系的发展起了一定作用。在与高丽中断外交关系期间，宋商仍不断去高丽进行贸易，高丽不但欢迎他们，甚至以国家的名义设宴招待，乃至对他们封以官号。为了接待好宋商，在京都开城专门设立“客馆”，其名称“曰清州、曰忠州、曰四店、曰利宾。皆所以待中国之商旅”。而且每当宋商人至境，遣官迎劳。每逢节日，高丽政府还设宴招待他们。据《高丽史》记载，如1019年重阳节，高丽国王显宗以重阳节宴宋及耽罗、黑水诸国人于邸馆。1034年12月，高丽举行八关会时，宋商客、东西蕃、耽罗国亦献方物。赐坐观礼，后以为常。1055年2月寒食日，高丽文宗飨宋商叶德宠等87人于娱宾馆，黄拯等105人于迎宾馆，黄助等48人于清河馆。一次同时分三处宴请宋商共240人，何等气派！更有甚者，《宋史·高丽传》记：高丽政府对宋商因贾舶至者，密试其所能，诱似禄仕，或强留之终身。《高丽史》中记有，高丽显宗时，宋泉州商人欧阳征被封为“左右拾遗”；文宗时，宋泉州商人肖宗明被封为“权知阁门祗侯”。高丽政府以此种种优惠待遇来吸引宋商去高丽贸易，从而宋商大批大批前去高丽经商。北宋与高丽的外交关系，多次中断，不少宋商从中引线，起了桥梁作用。宋朝政府曾借助如黄慎、洪万来、傅旋、简平等商人，沟通了与高丽的关系，以至促进了复交，并予以封官奖励。如宋神宗时，密州商人简平，曾三往高丽通国信，故授其为“三班差使”。

宋元时期与高丽间频繁交往，与当时发达的海上交通密切有关。徐兢的《宣和奉使高丽图经》记：宋代去高丽，若海道，则河北、京东、淮南、两浙、广南、福建皆可往。说及河北，《高丽史》中曾记，元代时曾遇上海盗的“大都商人”，有人推断可能是从直沽港（今天津塘沽）出海的，不过这种情况极少。

宋代前期与高丽的往来，主要走北路航线：由山东半岛北侧登州、莱州出发。登州与朝鲜半岛仅一海之隔，遥遥相对，向东直航，横渡黄海，顺风仅需一宿即可到达朝鲜半岛西岸的瓮津（今朝鲜海州西南的瓮津）。然后再取陆路，经海州，阎州（今朝鲜延安）、白州（今朝鲜白川），便可到达高丽国都开城府（今朝鲜开城）。由于北宋与辽国处于敌对状态，渤海湾北岸辽东半岛属辽。正如苏东坡所说：登州地近北虏（指辽国），号为极边，虏中山川，隐约可见，便风一帆，奄至城下。当时有的商人借去高丽经商为名，为获重利，实际发船去往辽国做买卖。北宋政府为防商船夹带兵器等违禁物品运往辽国，于熙宁七年（1074 年）便封了登州港。

此后改走南路航线：皆由明州出发，先向东北航行，抵达朝鲜黑山岛，然后再往北行，经朝鲜半岛西南海岸的众多岛屿，到达礼成江口碧澜亭。当时严格规定：非明州市舶司而发去日本、高丽者，以违制论。当时舟行皆乘夏至后南风，归时以西风。航期顺风的话，一般五六天即可到达，多则十五六天。南路航线除明州外，杭州、泉州、广州等港，亦可至高丽。南宋时，泉州港对外贸易地位日益提高，高丽商船也有沿浙闽海岸直航泉州的。《高丽史》中记载，从泉州去高丽的船只有 19 起。这实际是明州南线的延伸。中朝航道上是最早使用指南针导航的航线之一，《宣和奉使高丽图经》中记载：北宋宣和五年（1123 年）徐兢出使高丽的海船上，已经“惟视星斗前迈，若晦冥则用指南针，以揆南北”。

通过两国使臣和商人的频繁交往，促进了两国的经济文化交流。这时期宋朝向高丽出口的商品主要有：绫绢、锦罗、白绢、瓷器、药材、茶叶、书籍、绘画、乐器等。中国丝织品是宋商船上大宗商品，尤其是五色缬绢，更是高丽畅销商品。高丽虽也织造丝织品，但其丝线织纴皆仰商人自鲁、闽、浙来。他们加工后织成文罗花绫、紧丝锦罽等精美的丝织物，反过来还向中国输出。中国陶瓷是向高丽出口的又一大宗商品，浙江越窑青瓷产地余杭离明州不远，所以对高丽瓷器生产影响最大。约在 11 世纪中后期，高丽已能生产极似越窑的青瓷，同时他们又输入了中国北方瓷器，在器形、花纹上又受汝窑的影响，在花纹上发明了镶嵌、推白两种方法，在回火、调釉等技巧难度上有所突破。12 世纪初烧制出翡翠色青瓷，比越窑青瓷还巧丽，以后反而向南宋出口。近年在韩国木浦附近海底发现沉船，已打捞出的 7000 余件遗物，瓷器有 6000 余件，其中青瓷就有 3000 余件；其次是白瓷、黑釉瓷等。这些青瓷中，又以浙江龙泉窑青瓷和江西景德镇的影青瓷居多。

高丽是宋朝出口书籍最大的对象，高丽国无论官府还是民间藏书风气很盛，对中国书籍需求量很大。由福建建州出版的“建本文字”在高丽颇受欢迎，高丽曾派专人来我国江南购书，一次就购了经籍 10800 卷。尤其是学习了我国活字印刷后，他们大量印刷，但书源在我国，所以迫切需要大批进口中国书籍。入宋的高丽僧，回国时都购置各种书籍，如义天回国时，带回了数千卷经书。后来，有些书在中国早已失佚，而高丽却还保存完好。当时高丽根据宋朝的要求，将中国失传的一些书，向宋赠送。当时中国的活字印刷最早传给高丽，他们仿陶制活字铸成铜活字，使活字印刷术又得到了进一步的发展。后又将金属活字传向日本。

这时期中国文化对朝鲜半岛文化发展的许多方面，包括儒学、理学、政治制度、教育制度、科举制度、文学、历史、书法、绘画、音乐、建筑、宗教、医学等方面，都有一定的影响。这里不便一一细述了。值得一提的是元代棉纺业兴盛发达，高丽使者文益渐来宋后，回国时将棉种带了回去，加以推广；并学会了纺织，从而改变了朝鲜人民的衣着。到 14 世纪末，15 世纪初，甚至还向我国东北地区及日本输出棉布。

高丽向宋王朝输出的商品很多，主要有：金银器、人参、红花、麝香、茯苓、毛丝布、铜器、漆料及笔、墨、纸等文具用品和螺钿器、折扇等工艺品。其中以野生药物和果品居很大比重。他们用苎麻织成的毛丝布，洁白如玉，经久耐用，颇受中国百姓喜爱。漆器早在汉代即已大量输往朝鲜，朝鲜人民大力改进了漆树品种，提高了产漆质量，以至于元明时中国反向朝鲜进口生漆来制作漆器。高丽纸是中国人民非常喜爱用的一种纸。高丽墨是用老松烟和麋鹿胶做成，连宋朝著名造墨专家潘谷也吸取了高丽造墨经验，做墨时杂用高丽输入的“媒”；苏轼经常把潘谷的墨打碎，拌入高丽墨，这样更好使。高丽笔、墨不仅在中国很有市场，而且在安南、琉球等地也享有很高声誉。折扇发明于朝鲜，传入中国后，广受人们喜爱，苏东坡就称赞道：“高丽白松扇，展之广尺余，合之止两指许。”只是宋代士大夫们，自恃清高，认为这种扇子轻佻，所以宋元时主要在下层百姓中广为使用，到明代时连皇帝也喜好了，永乐皇帝“喜其卷舒之便，命工如式为之”。从而也推进了我国折扇工艺的发展。（见图 8）

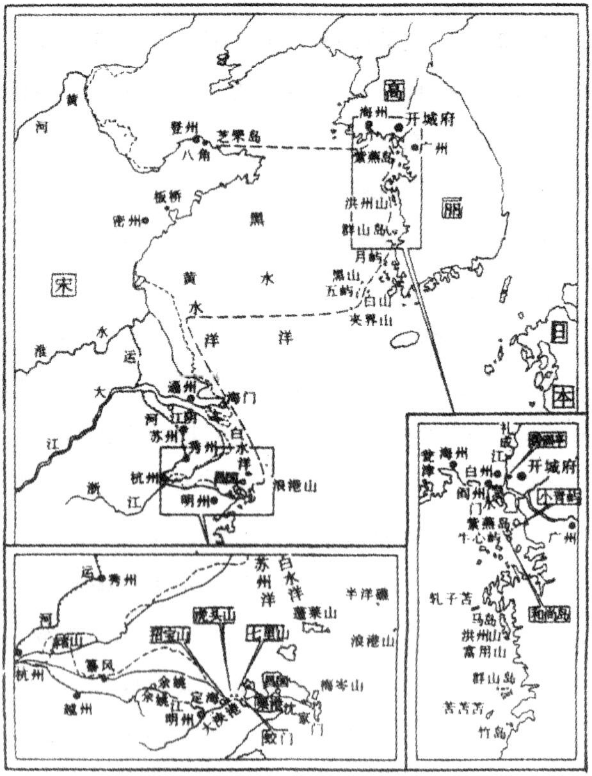

图 8　宋代对高丽的航线图

5 众多贸易港的发展

宋元时期海上丝绸之路的鼎盛，除了当时社会商品经济繁荣，坚持对外开放政策以及航海技术的提高等因素外，其中很重要一点是与沿海港口城市的空前繁荣密切有关。这时期无论南海航路还是东海航路都很繁盛，东海航路与日本、高丽的交往进一步得到发展；南海航路又有进一步扩展，各条航路都有相对固定的出海港口。这时期我国沿海从北到南开放的港口很多：北方山东半岛有登州、密州，长江口岸有镇江府、江阴军、平江府的太仓县、秀州的华亭县、青龙镇、上海港，浙江沿岸有杭州、明州、温州，以及福建的泉州、广东的广州等。众多的港口这时期得到了很大的发展，但由于政治形势、经济发展和自然环境等诸多因素的影响，最后形成了我国古代著名的三大名港。以下简要地看看这些港口发展的状况。

登州港 早在隋唐时期已成为我国北方通高丽、日本的主要港口，其兴盛一直维系到宋初。《文献通考》记载："登州三面环海，祖宗时（指北宋初）海中诸国朝贡，皆由登莱。"登州港在宋初仍为接待高丽使臣的主要港口，宋代史料记载：高丽自国初皆由登州来朝，大中祥符八年（1015 年）诏登州置馆于海次以待使者，天圣元年（1023 年）以前使由登州入。由于地近敌国辽朝，自庆历元年（1041 年）以后历朝三令五申严禁高丽海船再入登州、莱州通商，否则皆徒二年。并在庆历二年（1042 年）在此置巡检，名刀鱼寨，驻水兵三百，以防辽入侵。熙宁七年（1074 年）登州对外通商活动被封绝，成为北方重要军港基地，元代在此仍循宋制。

密州港 自山东半岛北部登州、莱州港被封以后，南部位于胶州湾北岸的密州板桥镇港便日趋兴盛起来，一跃成为我国北方主要港口。由于密州板桥镇取代了昔日登州地位，对内、对外贸易活动日益繁盛，于元丰七年（1084 年）三月在此设立了管理舶商贸易的榷易务。随后知密州范锷极力争取，提出：板桥镇自来广南、福建、淮浙商旅乘海船贩到香药诸杂税物，乃至京东、河北、河东等路商客船运来丝、绵、绫、绢，往来交易，买卖极为繁盛，建议在此置市舶司。于是于元祐三年（1088 年）升板桥镇为胶西县兼临海军使，并在此置市舶司。这是我国历史上北方港口中唯一设市舶司的对外贸易港，其地位比昔日登州港还重要。从此与高丽往来，可由此发船，这里成为通往高丽的主要门户。港内海舶麇集，多异国珍宝，十分繁荣。可惜为时不长，到政和四年（1114 年），因地近登莱州界，怕与辽地沟通，而被封港，其市舶司仅存二十六年。以后为金朝所占，金皇统二年（1142 年）在胶西县置榷场，称胶西榷场，成为宋金海道间唯一互市市场，重新活跃了五十多年，至金承安三年（1198 年）才被撤销。不过这里的互市受时局变化影响，时兴时废。《宋史》记载：金末李全克密州时，这里仍很兴盛，“胶西当登、宁、海之冲，百货辐辏……

时互市始通，北人尤重南货，价增十倍。全诱商人至山阳，以舟浮其货而中分之，自淮转海达于胶西”。元代以后，因海运兴起，又在胶州湾与莱州湾之间开辟了胶莱运河，这里又成为海运、造船基地。虽没有海外贸易往来，不及北宋时那么繁盛，但仍为国内南北商贾聚集的中转港。

镇江港 唐代长江口附近的扬州港因宋元时江口东移，便失去了昔日地理位置优势，不再对外往来，其作用为长江南岸的镇江府所替代。南宋初年有官员说：自来闽广客船并海南蕃船，转海至镇江府买卖至多，实际北宋早已如此。由于镇江属内河航运港，外商海舶进出不很方便，所以它的对外贸易活动并不突出，未能得到充分发展。而且到南宋初，金兵南下直逼长江，闽广客船和南海番船都有所畏惧，不敢贸然北上，所以镇江港就此默默无闻了。

宋元时期长江下游经济得到很大发展，尤其是靠近入海口的苏州地区，由于进行了大规模的水利建设，农业有了迅猛发展，以至有“苏湖熟，天下足”之称。同时城市手工业和商业也很发达，早在中唐以后已发展成为江南名城，宋代时苏州繁荣甚至超过了昔日扬州，开始出现“上有天堂，下有苏杭”的谚语。凭借苏州的经济条件，它完全有可能发展成为长江出海口附近的对外贸易大港。可惜天公不作美，它离江岸、海岸太远，不具备港口条件。为了开拓对外发展，不得不在沿江地区寻求其外延港口。又由于这时期长江入海口的江岸变化很大，不断向外延伸，而且发展很快，从而形成这时期这地区新的港口迭兴，出现多元化的发展状态。除了上述镇江港外，在长江口岸先后出现江阴、太仓、华亭、青龙镇、上海等对外贸易港。

江阴港 宋中期江阴军海外贸易已有一定规模，王安石就曾作诗形容其城北黄田港："黄田港北水如天，万里风樯看贾船。海外珠犀常入市，人间鱼蟹不论钱。"到南宋初，绍兴十五年（1145 年）便在江阴正式设置了市舶务。淳熙年间（1174～1189 年），"商船倭舶，岁尝辐辏"；这时高丽商船也来此贸易，有时一年竟有六七艘之多。庆元五年（1199 年）日本入宋僧俊芿来华时，就是先到江阴军下帆放碇。由于江阴离江口稍远些，来往商船进出仍不很方便，于是南宋末年，江阴军市舶务被撤销了，从此江阴的黄田港衰落下去，被更接近江口的太仓所取代。

太仓港 太仓位于昆山东北，为古代娄江（今浏河）入江口。娄江系古三江之一，是太湖重要泄水干道，可直通苏州娄门，经吴县鲇鱼口北入运河。太仓是苏州理想外延港，外可通海，内与太湖水系及大运河相连接。这里江面宽阔，近海口外阔有二里许，浏河口的浏家港为元明时长江下游天然良港。元初朱清、张瑄便利用此港为基地向北方海运漕粮，并发展海外贸易，以巨艘大舶帆交番夷中，不数年间，凑集成市，番汉间处，闽广混居，很快发展成为重要海外贸易港。元代中叶，延祐元年（1314 年）昆山州治移徙太仓，直到至正十七年（1357 年）复迁马鞍山，州治在这里共 44 年。当地志书中留下了许多当时港市繁荣景象的记载："州治濒海商船旅泊，货盈市集，民物繁伙，如通都大邑。"这里"漕运万艘，行商千舶，集如林木；高楼大宅，琳宫宇梵，列若鳞次，实为东南之富域矣"。城内名楼列市，番贾如归。各国商人云集，外通琉球、日本等六国，故太仓南关谓之六国码头。海外诸番，因得在此交通市易，是以四关居民闾阎相接，粮艘海舶，蛮商夷贾，辐辏而云集，当时谓之六国码头。以至有的外国海舶循娄江而上，直抵苏州娄门。该港至明初发展成郑和下西洋的始发港，在我国海外交通史上曾占有很重要地位。可惜明代后期，由于娄江上游水利年久失修，娄江下游逐渐淤塞，太仓浏家港也就废弃了，为新兴的上海港所取代。

青龙镇港 上海地区港口最早在青龙镇（今青浦县东北旧青浦）。这里地处吴淞江边，沪渎海口，有控江而浙淮辐辏，连海而闽广交通之称。于北宋淳化二年（991 年）开始设镇，成为东南沿海的重要贸易港口。青龙镇下临吴淞江，早先江面浩瀚，深广可敌千浦，其深可负千斛之舟，溯江西行可直达苏州，实际它也是苏州的外运港，以至各地珍货远物毕集于吴之市。北宋时青龙镇已很繁盛，绍熙《云间志》中《隆平寺藏经记》载："青龙镇瞰松江上，据沪渎之口，岛夷闽广之途所自出，海舶辐辏，风樯浪楫，朝夕上下，富商巨贾，豪宗右姓之所会。"在《隆平寺灵鉴宝塔铭》中又记有当时各地海舶来往青龙港情景："自苏、杭、湖、常等州月日而至，福建、漳、泉、明、越、温、台等州岁二、三至，广南、日本、新罗岁或一至。”当时的青龙镇已是海舶百货交集，梵宇亭台极其壮丽，龙舟嬉水冠于江南，论者比之杭州的繁华景象。当时青龙镇属秀州华亭县（县治在今松江县），由于青龙镇的海上贸易发达兴旺，政和三年（1113 年）便在其所属之华亭县治设立了市舶务，并将青龙镇改名为通惠镇，以示通商互惠，更加兴旺发达。鉴于镇与县治相距 54 里，客商来往不便，于是建炎四年（1130 年）将市舶务移至镇上。事隔两年，绍兴二年（1132 年）又将两浙市舶司从杭州移至华亭，并在青龙镇设立分司机构。青龙镇的海外贸易活动达到了最盛时期，到南宋中期以后，青龙镇海上贸易开始趋于下降，乾道二年（1166 年）撤废了设在华亭的两浙市舶司，青龙镇的市舶务仍维系着。但由于吴淞江日渐淤塞，海口向外延伸，商舶溯流艰难，进出不便，约至宁宗时，即 12 世纪末，明令禁 止商船停泊江阴、温州和秀州。从而青龙镇便日趋衰落。

上海港　就在青龙镇日趋萧条时，位于吴淞江更近海口附近的江湾镇渐渐崛起，因江湾镇为商船去青龙镇必经之地，有些商船为了逃避纳税，将货物在江湾就出卖了。当时有官员提出在江湾浦口置场收税，但未有结果。

就在青龙镇衰落后，13 世纪初，位于长江口南岸的黄姚镇（今宝山县月浦附近）发展很快，《宋会要》中记载：“黄姚税场，系二广、福建、温、台、明、越等郡大商海船辐辏之地，每月南货商税动以万计。”当时的黄姚镇也有可能发展成为对外贸易港口，可惜因近在江边，受江潮侵蚀，江岸坍塌，未能得到发展。

此时华亭东北黄浦江畔有一新港正在兴起，这就是上海港。宋代海舶来上海，都是从海口入吴淞江，抵达沪渎后再从宋家浜入泊于镇北的顺济庙下。到南宋末年这里已海船辐辏，人烟浩穰，具备取代青龙镇对外贸易地位的条件。约在咸淳初年（1265 年后），这里已有市舶分司，可能在置市舶司同时建镇，镇监由市舶兼领。元初至元十四年（1277 年）正式在上海设立市舶司，此时上海港的海上贸易很活跃，志书说：江南顽民率皆私造大船出海，交通琉球、日本、满剌、交趾诸蕃，往来贸易悉由上海出入，地方赖以富饶。其后至元二十九年（1292 年）上海镇升为县，但其市舶则于 6 年后的大德二年（1298 年）并入庆元路（今宁波市）。对外贸易职能为太仓浏家港所替代。

杭州港　杭州位于南北大运河的南端，面对杭州湾，又是南宋王朝的都城，所以它在宋元时期海上贸易活动中起有重要作用。早在五代吴越国时已设有博易务，所以宋初太平兴国三年（978 年）就置两浙（路）市舶司。这是路一级的海外贸易管理机构，统管两浙路所有港口对外贸易。由于明州的海外贸易也很发达，于是咸平二年（999 年）在杭州、明州两地分设市舶司，这是府、州级的市舶机构，隶属于两浙市舶司。当时杭州海上贸易十分兴盛，欧阳修在《居士集》中就写道：“其俗习工巧，邑屋华丽，盖十余万家。……而闽商海贾，风帆浪舶出入于江涛浩渺，烟云杳霭之间，可谓盛矣。”到了南宋，各国使节前来进贡，理当来到都城杭州，从而极大地促进了杭州港的繁盛。杭州港本以日本、高丽海上交通为主，此时南海众多国家，诸如交趾、占城、三佛齐、真里富、阇婆、渤泥、大食等国海商也纷至沓来。许多外国商人甚至侨居下来，杭州城内逐渐形成外国人聚居的“蕃坊”，甚至按不同宗教信仰聚居，如在今章家桥、崇新门一带主要是犹太人、基督教徒和拜月教徒等聚居地。在今清泰街到洋坝头附近则为伊斯兰教侨民住地。伊本·巴图塔见到后，有这样的描述：这里市街极为美丽，市场之配制，一如回教国，有礼拜寺，亦有礼拜告知者。绍兴二年（1132 年）虽然两浙市舶司移至华亭，但杭州仍有市舶务，可独立进行海外贸易活动。绍熙元年（1190 年）罢废了杭州市舶务，只许外国商船停靠杭州外港澉浦。从此杭州港对外贸易活动均转移到澉浦港，杭州只是设有管理外贸的机构，已失去海外贸易港的作用。

澉浦港　位于钱塘江口杭州湾北岸，淳祐六年（1246 年）开始设市舶机构，淳祐十年（1250 年）设市舶场。元军在夺取杭州第二年，即至元十四年（1277 年）政府便在澉浦港设立了市舶司，这里很快成为远涉诸蕃，近通闽、广，商贾往来的冲要之地，有“小杭州”美称。马可·波罗说：这里有一个优良的港湾，所有从印度来的货船，经常都在这里停泊。

明州港　明州港的海外交通在唐代后期至五代时已有很大发展，宋初又有进一步发展，所以淳化三年（992 年）曾一度将两浙市舶司徙置于此，虽然第二年又复迁回杭州，但不久于咸平二年（999 年）与杭州同时置市舶司。自此直至元末基本一直存在，成为宋元时期东南地区诸港中唯一保持市舶机构的重要对外贸易港。由于它的地理位置优越，自中日间南路东海航线开辟以来，这里便成了通往日本最近捷的港口。特别是熙宁七年（1074 年），北方登州被封港后，往来于高丽的海船改由明州进出。元丰三年（1080 年）规定凡去日本、高丽的海船均在明州办理出口手续。到政和四年（1114 年）又严禁蕃舶和中国海船进入密州港后，所有去日本、高丽的海船皆由明州放洋，明州成了东海航路上来往日本、高丽的唯一进出港。《乾道四明志》记道：明之为州，实越之东郊，观舆地图则僻于一隅，虽非都会，乃海道辐辏之地，故南则闽广，东则倭人，北则高丽，商舶往来，物货丰衍。明州虽偏东南一隅，又不是著名都会，就是凭借其海上交通优势而发展起来的。除了与日本、高丽往来外，同时还与东南亚、西亚诸国互通贸易和使者往来，如淳化三年（992 年）就有阇婆国来宋朝进贡时到过明州定海。当时还有不少波斯商人来明州贸易，明州为接待波斯商人，特地设置了波斯馆；波斯商人在狮子桥北面建起清真寺，这地方后来就叫做波斯巷。整个南宋时期，在江浙诸港普遍衰落情况下，唯有明州港仍保持着繁荣局面。宋元时期明州基本上一直是同日本、高丽往来的最重要口岸，是承担东海航路进出口贸易的门户，成为元代三大主要贸易港之一。

温州港 温州产良材，是我国古代重要造船业基地，又靠近驰名中外的龙泉青瓷产地，具备海上交通的优良条件。南宋绍兴元年（1131 年）前始置市舶务，从而成为东南沿海又一对外贸易港口，是明州的外围口岸。这里是龙泉青瓷的出口基地，主要与日本交往较多，同时与高丽、东南亚各国也有海上贸易往来。其市舶机构在南宋中期被废止，元初又在此设置市舶司，后虽并入庆元市舶司，但海船仍常出入这里。这里的海上交通也很繁盛，曾建有专门码头供海舶停靠；设“来远驿”接待海外来客；建净光塔作为海舶的航标；元代海外商人在此建有天主教堂。元元贞二年（1296 年），元朝政府派遣使团去真腊访问，就是从温州港出发的，随行人员周达观回来后著有《真腊风土记》。

泉州港 宋元时期的泉州港在唐、五代发展的基础上，又有进一步飞速发展，以至发展成当时我国第一大港，甚至成为世界最大良港之一。不过在北宋初年它还不及广州、杭州、明州等港重要。直至北宋中期，由于广州官员对海商过于勒索，导致南海蕃商纷纷来泉州贸易。泉州地处东海航路与南海航路交会处，除了南海蕃船来航外，同时北方因登州被封，与高丽交往也很频繁。《高丽史》记，由泉州开往高丽的商船，有 19 次之多，甚至超过了同期的明州港。所以到宋元祐二年（1087 年），在泉州置福建路市舶司，与两浙路市舶司和广南东路市舶司并称三路市舶司。南宋初期，泉州有了迅速发展，绍兴十四年（1144 年），南宋政府决定按广州体例，增加泉州每年设宴犒赏海商的官钱，从而使泉州与广州处于同等地位了。其后又把泉州列为接待海外“进奉”使者的重要口岸。开禧二年（1206 年）来泉贸易的国家有 30 几个，到宝庆元年（1225 年）时，已达 50 多个。这时期广州海外贸易发展幅度远远逊于泉州，从而泉州大大超过·了广州，一跃而为全国第一贸易大港。元代泉州港比宋代又有更大发展，达到了极盛时期。《岛夷志略》中所记泉州对外贸易的地区，比南宋时增加了十几个国家近 40 个地方。泉州港一跃成为梯航万国、舶商云集的东方第一大港。元朝曾先后两次在泉州设行省，以提高泉州的行政地位。至元十八年（1281 年）还规定商贾市舶物货，已经泉州抽分者，诸处贸易，止令输税。至元三十年（1293 年）又下令各地市舶司悉依泉州例，可见泉州当时在全国诸港中所居特殊地位。元代文人概括说：“泉，七闽之都会也。番货远物，异宝珍玩之所渊薮，殊方别域、富商巨贾之所窟宅，号为天下最。其民往往机巧趋利，能喻于义者鲜矣。而近年为尤甚，盖非自初而然也。”说明当时泉州的海外贸易已“为天下最”，这里的人普遍趋于利而轻于义。元末一位诗人描绘当时的泉州说：“缠头赤脚半蕃商，大舶高樯多海宝。”多么形象的国际贸易城市的繁荣景象。难怪马可·波罗来到泉州后认为，如果从埃及的亚历山大港或其他港口运输一船胡椒去欧洲，那么就会有 100 艘商船来到泉州港。伊本·巴图塔在泉州也看到大舶百数，小船不可胜数。他们都认为泉州港是当时世界最大的海港城市。

在泉州港南北当时还有福州、漳州两港。在北宋中期以前，它们与泉州本处于并列地位，由于泉州发展较快，当时福建路市舶司设在泉州以后，它们虽也有一些海外贸易活动，但比起泉州来，规模要小得多了，它们只是泉州的外围口岸而已。

广州港　广州自秦汉以来，历来为我国南方对南海航路的主要贸易港，直至北宋仍为当时全国最大海外贸易港。宋太祖开宝四年（971 年）二月灭南汉，同年六月就在广州设市舶司，知州兼任市舶使，广州成为宋初最早对外进行海外贸易的门户。到真宗初年，杭州、明州正欣欣向荣发展海外贸易时，由于广州市舶官吏侵渔，致使海舶久不至。直到大中祥符元年（1008 年）以后，才有海外船舶岁至。但不久，仍因官吏过分勒索，不称职，使海外船舶稀少。天圣六年（1028 年）时，诏书中还说，广州近年蕃舶罕至。特别是皇祐三年（1051 年）发生广源蛮侬智高入侵广州，把城外蕃汉数万家席卷而去，给广州海外贸易造成很大破坏。这给泉州的发展反倒带来了机遇。不过熙宁以后，广州海外舶商仍来者相继，仍为外国香货及海南客旅所聚之处。以至有人向朝廷建议：请罢杭、明州市舶，诸舶皆隶广州一司。当时广州还是一片“千门日照珍珠市，万瓦烟生碧玉城”的繁荣景象。直到北宋末年，全国三路市舶司中，据《萍洲可谈》中称：“三方唯广最盛”，可见广州在北宋时在全国海港中仍居榜首。南宋前期广州还保持以往盛势，但泉州的发展速度却远远超过广州，乾道二年（1166 年）两浙市舶司被罢后，文献中每每以“广福市舶司”或“泉广市舶司”所称，广州已与泉州基本处于同等地位了。到开禧元年（1205年）以后，广州海外贸易不太景气，出现“比年蕃船颇疏”的局面，而泉州正蓬勃发展，于是广州渐为泉州所超过，直到元代，广州便一直屈居第二。尽管广州海外贸易发展不及泉州快，但毕竟还是南海航路上的主要贸易港，有宋一代三百多年间，广州城扩建修缮了十多次，其中庆历四年（1044年）加筑了子城；熙宁三年（1070年）修筑了东城，第二年又增筑了西城；后在嘉定三年（1210年）又加筑了东西雁翅城。元代西方旅行家鄂多立克在《东游录》中夸赞广州比威尼斯大三倍，“整个意大利都没有这一个城的船多”。伊本·巴图塔也说广州是世界大城之一。市场优美，为世界各大城所不能及。广州仍不愧为南方对外通商大城。

当时归属广州市舶司的港口还有雷州半岛上的雷州、合浦港及海南岛上的琼州（今海口市）、吉阳军（今三亚）、万安军（今万宁）诸港。广州的发展直接影响到它们的发展，南宋时曾打算在琼州置市舶机构，但未能实现。元时曾一度设置过“海南博易提举司”，可能就在海南。宋元时期南海航路上过往的海船不断停泊在海南诸港进行贸易活动。

宋元时期海上丝绸之路达到了鼎盛，我国沿海港口都粉墨登场。宋代先后设市舶司或市舶务的就有11处之多，自北而南为：密州、江阴、青龙镇、华亭、上海、杭州、澉浦、明州、温州、泉州、广州等，其中大多数终因诸因素不利，而被废弃。最后至元代形成三大名港：明州、泉州和广州。明州为东海航路的重要进出港，广州是南海航路的门户，泉州介于东海航路和南海航路之间，为两条航路的交会点，其海上贸易最为繁盛，成为当时我国最大对外贸易港。

六 明代海上丝路由盛转衰

1 明初的“朝贡贸易”与“海禁”

明初一方面很重视海外贸易，大力发展与海外各国的官方间的朝贡贸易；同时迫于当时沿海不利形势，对民间贸易严格实行“海禁”政策。

我国历来官方间交往都是以朝贡形式进行的，只是宋元以来，大有对民间贸易比官方朝贡贸易更为重视的趋势。明代却是除朝贡贸易外，不许有其他私人贸易存在。这样海外诸国欲与中国通商，必须在政治上先与明王朝建立藩属关系，接受明王朝的册封，然后才能来华朝贡交易。所以称这种贸易形式为“朝贡贸易”，又称之为“封贡贸易”或“贡舶贸易”；以后又以勘合形式来进行，故又称作“勘合贸易”。

早在明建国初，洪武元年（1368 年）十二月就在太仓黄渡（今上海嘉定区黄渡镇）设立市舶司。只因新港难以发挥其作用，于是洪武三年（1370 年）便停罢黄渡市舶司，改设广州、泉州、明州（1381 年改名宁波府）三地。但到洪武七年（1374 年）即予废止，直到永乐元年（1403 年）才又恢复。明代市舶司的职责只限于接待外国前来“朝贡”的海船，不能批准中国商船出海。当时规定：宁波通日本，泉州通琉球，广州通占城、暹罗、西洋诸国。明朝政府虽也知道军需国库半取于市舶，但有明一代，基本上都对市舶进行种种限制。

明初洪武年间及永乐初，对前来朝贡的海舶均予以“优值”、“免税”的优惠，以示“怀柔”，以致日本和南洋地区一些商人以托贡附舶竞来贸易，使明政府难以应付，于是便实施“勘合”制度。即对各国的贡舶发给勘合，以资限制。这种勘合制度有很大局限，凡发给勘合的国家，首先要得到明朝政府的认可，双方建有正式外交关系，当时从日本到印度洋地区与明朝政府有关系的仅十几个国家；对于能来朝贡的国家严格规定了朝贡的期限、路线、停泊港口等，还规定“贡使”居住和停留的地点、贡船的数量、随从人数及贡物品类等。

“勘合”是一种证书，勘是核对，合是符合之意。一般是将前来勘合的国家名称拆开，如对日本，就先把日本二字分开，制成日字号勘合 100 道，本字号勘合 100 道，合计 200 道，以及日字号勘合底簿 2 扇，本字号勘合底簿 2 扇，共计 4 扇。其中日字号勘合 100 道，日字号勘合底簿 1 扇及本字号勘合底簿 1 扇，存放在明朝北京礼部，另 1 扇本字号勘合底簿则放在福州布政司；另以本字号勘合 100 道及日字号勘合底簿 1 扇，发给日本。以后凡从日本来明贸易的船只，每船必须携带勘合1道，到港后将勘合交福州布政司核对底簿后，然后使节去北京，再与礼部存档的勘合及底簿进行核对，辨别真伪。上交勘合时必须在勘合上注明使臣以下的姓名、贸易货品、数量等。如明使赴日，则须携带明朝礼部保存的日字号勘合，与日本保管的勘合底簿进行核对后才能交易；回国时，必须把日方赠送的礼物记在勘合上带回。

勘合贸易是以进贡名义进行的，其贡物一般可分为进贡方物、使臣自进物和国王附搭品三类。进贡方物是专献明朝的贡品，明朝对此回赠相应的“赏赐”。使臣自进物是指正使、副使以至从僧、通事等进献明朝的物品，实际是卖给明朝的商品，明朝官方则按数给价。至于国王附搭品名义上是搭附于国王贡物上的贸易品，实际是公家的贸易品，以后主要成为私商的商品，这部分数量最大。上述物品先经过朝贡，再由政府进行官买，所余部分经过抽分后，便可在使者住地开市三至五日自由交易。整个交易过程中都要在地方官员监督下进行，贡使等欲购回国物品，也要在地方官员监督下进行，实际上整个商业过程都要由政府加以控制。

明初张士诚、方国珍等残余势力逃到海上，仍在沿海地区进行骚扰。同时日本的一些失意武士和无业游民，常到我国沿海地区来抢掠，这就是“倭寇”。根据记载，洪武二年（1369年），倭寇掠苏州、崇明岛；不久又寇温、台、明州及福建沿海；四年又寇温州，五年寇海盐、澉浦、福建，七年寇胶州。明朝政府为了对付倭寇，除了积极进行剿捕外，便实行消极的海禁政策，以此限制民间贸易，不许他们擅自出海与外国互市。严格规定："军民人等擅造二桅以上违式大船，将带违禁货物下海，前往番国买卖，潜通海贼，同谋结聚及为向导却劫掠良民者，正犯……处斩……全家发边卫充军。"为彻底厉行海禁，甚至下令禁民间用番香、番货。

明代海禁时紧时松，大体说来，洪武建文年间（1368～1402年），是海禁严格实施时期。到了永乐宣德年间（1403～1435年），较为松弛，一方面派遣了声势浩大的郑和船队七下西洋，另一方面虽仍实行海禁政策，但已恢复了市舶司机构。从正统到正德年间（1436～1521年），这86年中历经六朝，此后再也无力组织大型船队出洋，海外各国来华朝贡贸易的亦渐趋衰落。如弘治年间（1488～1505年），番舶自广东入贡者，唯占城、暹罗各一次。从而民间私下的海上贸易活动与日俱增，当时有人指出：华夷同体，有无相通，实理势之所必然。中国与夷，各擅生产，故贸易难绝。利之所在，人必趋之。这时期虽历朝不断重申海禁的禁令，但仍不断有人违禁出海贸易，于是明代政府不得不予以宽容。正德四年（1509年）允许载运番香的外国船只入口，不论有无"勘合"，只要经过抽分，均可自行贸易。这样沿海许多海船便纷纷冒充番舶公开进行贸易，有些人甚至与外商勾结，危害地方安全，于是迫使政府重新实行海禁。但抽分收入直接影响地方财政开支，如粤中公私诸费，多资商税，番舶不至，则公私皆窘。于是，正德十二年（1517 年）又取消了禁令，仍允许番舶抽分后自行贸易，实际默认了沿海船只可以出海贸易。其后嘉靖年间（1522～1566 年），由于葡萄牙人不断骚扰沿海地区，嘉靖二年（1523 年）宁波又发生了日本争贡事件，加上倭寇活动猖獗，所以这一时期是海禁最严厉的时期。政府连连发出禁令，将一切违禁大船，尽数拆毁。凡有违禁，私与贼市，不仅本人服法，还要连坐邻里。直到隆庆元年（1567 年）以后才废除海禁。整个明代不足 300 年，实行海禁时间长达近 200 年，因此明代海上丝绸之路由盛转衰了。

2 郑和下西洋

明代海上丝绸之路由盛转衰，其“盛”则是郑和七次下西洋。郑和下西洋的壮举可谓我国海上丝绸之路发展达到了顶峰，在世界航海史上也是无与伦比的。

郑和（1371～1434 年），回族，云南昆阳（今晋宁）人，原姓马。因在靖难之役中起兵有功，颇受永乐大帝器重，擢任内官监太监。赐姓郑，小名三保，习惯称之为三保太监，故郑和下西洋又俗称三保太监下西洋。

永乐大帝朱棣登位后，一方面继续实行严格的海禁政策，同时大力发展朝贡贸易。他积极发展同各国联系，主动派遣使者去周边的日本、暹罗、爪哇、满剌加等国宣慰招徕。在永乐元年（1403 年）永乐帝就派郑和出使暹罗国；永乐二年又让他出使日本。永乐三年即命他组织统率庞大船队远航，出使西洋。前后共 7 次，历时 28 年。

第一次，永乐三年六月到永乐五年九月（1405 年 7 月～1407 年 10 月），率领大型宝船 208 艘，各种人员 27800 多人。从太仓浏家港启程，经福建长乐候信风，由闽江口的五虎门扬帆远航，经占城（今越南中南部）、爪哇、旧港（今印尼苏门答腊岛的巨港）、向西驶过孟加拉湾，又过锡兰（今斯里兰卡）、柯枝（今印度柯钦），最后到达古里（今印度西南科泽科德）。当时的古里是中西海上交通的重要港口，郑和在那里建立了一座航海纪念碑。

第二次，永乐五年九月到永乐七年夏（1407 年 10 月～1409 年 8 月），航程与第一次基本相同，只是增加了暹罗（今泰国）。在经过斯里兰卡时，曾立碑纪念，此碑于 1911 年在斯里兰卡的加勒被发现，碑文是用三种文字镌刻，右边是汉文、左上方是泰米尔文、左下方是古波斯文，汉文是碑文的主体。现收藏在斯里兰卡科伦坡博物馆内。

第三次，永乐七年九月到永乐九年六月（1409 年 10 月～1411 年 7 月），这次出航统领官兵 27000 余人，航程基本照旧。在占城受到占城国王热烈欢迎。然后离占城南航，访问爪哇后，西航至满剌加（今马来西亚马六甲）。这里原是隶属暹罗的小国，郑和帮助建立碑石，划定疆界，自此满剌加独立了。再西航经阿鲁（今苏门答腊岛中部）及苏门答腊，到锡兰后，分派一支分队去加异勒（今印度半岛南部东岸）、阿拨巴丹、甘巴里（今印度半岛南端之科摩林角）；自己率大艅船队访问小葛兰（今印度奎隆）、柯枝、古里，然后回国。

这3次航行中间几乎没有休整，连续不断出航，所走路线也大体相同，基本上只是到达印度半岛南部西岸，未入波斯湾。有的学者认为第三次曾到达忽鲁谟斯（今伊朗霍尔木兹）或非洲东岸。实际上《明史·忽鲁谟斯传》中有记，在郑和第三次返航回国后，永乐帝于永乐十年（1412年）十一月命他第4次远航时，特别提出："以西洋近国已航海贡琛，稽颡阙下，而远者犹未宾服。"希望郑和这次能远访居西海之极的忽鲁谟斯。于是他遍寻懂阿拉伯语的通事，马欢便于这次随行（见图9）。

第四次，永乐十一年十一月到永乐十三年七月（1413年12月~1415年8月），这次出航过占城，南航急兰丹（今马来西亚北部的吉兰丹）、彭亨（即湓亨），再东航爪哇，西进旧港，到满剌加。征得国王同意，在此立排栅如城垣，设四门更鼓楼，夜则提铃巡警。内又立重栅如小城，盖造库藏仓廒，一应钱粮均在其内。设置了这个中途供应基地，为以后几次远航创造了条件。后到苏门答腊平息抢劫后，派出一支船队去访溜山国（今马尔代夫），自己率大艅宝船继续西行，过锡兰、到古里，然后直航忽鲁谟斯。这里是东西方商人会聚的大都会，各处番船并旱番客商，都到此地赶集买卖。这里有来自阿拉伯半岛、中亚地区、印度半岛及以东各国的商人，还有来自非洲东岸、地中海沿岸的商人。会集了东西方的各种奇珍异宝，诸如

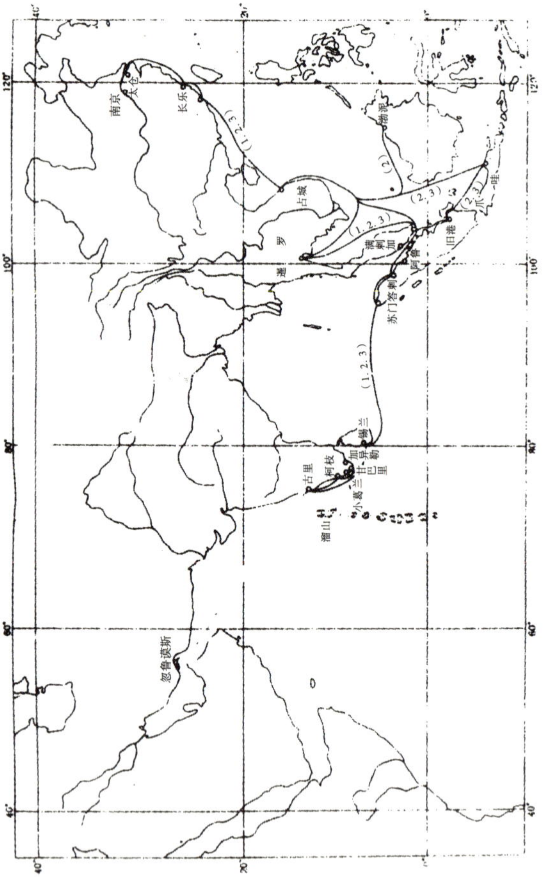

图 9 郑和第 1、2、3 次下西洋航线

各种名贵宝石、珍珠、水晶、金刚石、珊瑚、琥珀等等，应有尽有。当时在忽鲁谟斯的一些非洲地区的商人，如麻林（今肯尼亚的马林迪）、木骨都束（今索马里的摩加迪沙）、不剌哇（今索马里的布腊瓦）及在今也门的阿丹、剌撒等国。他们看到郑和船队，对中国产生极大兴趣，回国后报告了本国政府，于是其后这些国家纷纷遣使来中国朝贡。到永乐十四年（1416年）先后有19个国家来使，于是永乐帝又令郑和再次出航，分送这些使者回国。

第五次，永乐十五年五月到永乐十七年七月（1417年6月~1419年8月），起航后于五月十六日在泉州城外回教先贤墓行香并刻石纪念，这块“行香碑”刻石迄今犹在。上书：钦差总兵太监郑和，前往西洋忽鲁谟斯等国公干，永乐十五年五月十六日于此行香，望圣灵庇祐。前段行程基本与上次相同，在苏门答腊时郑和派出一支船队前去溜山国，他自己仍率大䑸宝船过锡兰、柯枝到古里，径直航至忽鲁谟斯，然后沿阿拉伯海岸南行，驶抵祖法儿（今阿曼佐法儿）。在那里双方友好交往后，祖法儿国王又派使者带了乳香、鸵鸟等礼物随郑和船队来访中国。其后从祖法儿继续南行，又访问了今也门的剌撒、阿丹等国，然后绕过索马里半岛，到达非洲东岸的木骨都束、卜剌哇、赤道以南的竹步（今索马里的准博）、麻林，最南到达了达慢八撒（今肯尼亚的蒙巴萨）。这次行程最远。

第六次，永乐十九年正月到永乐二十年八月（1421年春~1422年9月），主要送16国使臣回国。

行程与以往一样，先到占城，后派一支船队送暹罗使者回国；其他船只继续南行，经马六甲海峡，送满剌加、阿鲁、苏门答腊等国使臣回国。然后派李兴率一支船队西行，李兴又分派内官周满直航阿丹；他自己则送南浡里、锡兰、加异勒、柯枝和溜山等国使者回国。而郑和在苏门答腊与李兴分手后，便北航榜葛剌（今孟加拉国），然后向南到古里，由此直航祖法儿，继续南航，去了剌撒、木骨都束、卜剌哇等地后返航。其间永乐十九年十月还派内官洪保送爪哇使者回国。这次是分批分头行动，去的地区特别多，共有36国。

4～6次的航程基本相同，主要活动范围在印度洋，不仅越过南亚，进入了阿拉伯帝国，而且到了非洲东岸，继承发展了宋元时期的海上航路，形成了多点交叉的综合航路网。这几次不仅活动范围大，更重要的是大显中华帝国的威风，基本上达到了永乐大帝派遣郑和下西洋的目的。并使明代朝贡贸易发展达到了最高峰，将我国海上丝绸之路的发展推向了最高潮。由于财力不足，不得不使如此大规模的远航活动暂行停止，让郑和在南京守备了好几年，直到宣德五年才又重新出征（见图10）。

第七次，宣德五年十二月到宣德八年七月（1431年1月～1433年8月），郑和率大型宝船61艘，共27550人，浩浩荡荡从南京龙湾（今南京下关）起航，两天后到达浏家港，由此出发。这次航程与第五次基本相同。只是在苏门答腊时，分出一支船队经溜山后直航非洲东岸，去木骨都束、不剌哇、竹步等地。又派

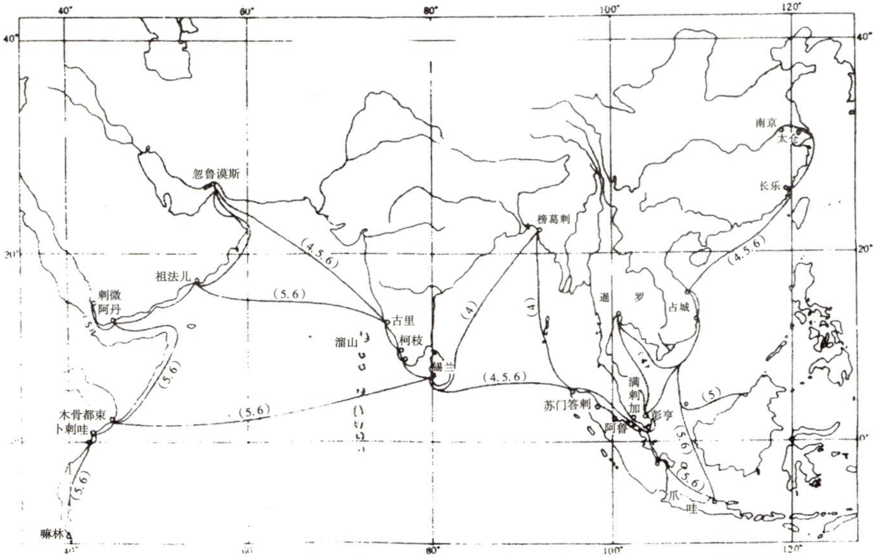

图10　郑和第4、5、6次下西洋航线

洪太监率一支船队去古里，然后直航祖法儿、剌撒、阿丹等地。而郑和自己则去锡兰、古里，再直航忽鲁谟斯。其中洪太监一支到达古里后，正好古里派船去天方（又称默加，即今伊斯兰教圣地沙特阿拉伯的麦加），于是洪太监便派通事7人带上礼品，随古里船去了天方。他们在那里买了各种珍禽异兽，画了天堂图，默伽国王也派了使臣带了方物随他们来明朝贡。（见图11）

郑和7次下西洋，历时28年，每次出动百余艘海船，载有2万多人，行程万里，遍访了亚非三四十个国家，这在世界航海史上也是绝无仅有的。郑和的出访完全是和平友好、互利平等的，他尊重各国主权，馈赠大量礼物，建立友好邦交关系。赢得了各国的信任和友谊，很多国家争派使节来华，有的甚至国王亲自来访。有人统计，永乐朝22年间，曾有60个国家245次来访，其中浡泥、满剌加、尼八剌（今尼泊尔）、苏禄（今菲律宾苏禄群岛）、古麻剌朗（今菲律宾棉兰老岛）、锡兰等6个国家8位国王9次亲自来访。其中浡泥国王、苏禄国王和古麻剌朗国王在中国访问期间，不幸病故，分别礼葬于南京安德门外石子岗、山东德州北郊、福建福州城西湖南茶园山。这些正是明代友好外交的历史见证。

郑和是明代杰出的航海家、外交家。他作为友好使者，传播了友谊的种子，在各国人民心中生根、发芽，给各国人民留下了美好的回忆和深切的怀念。直到今天，在他当年走过的地方，许多国家的人民还流传

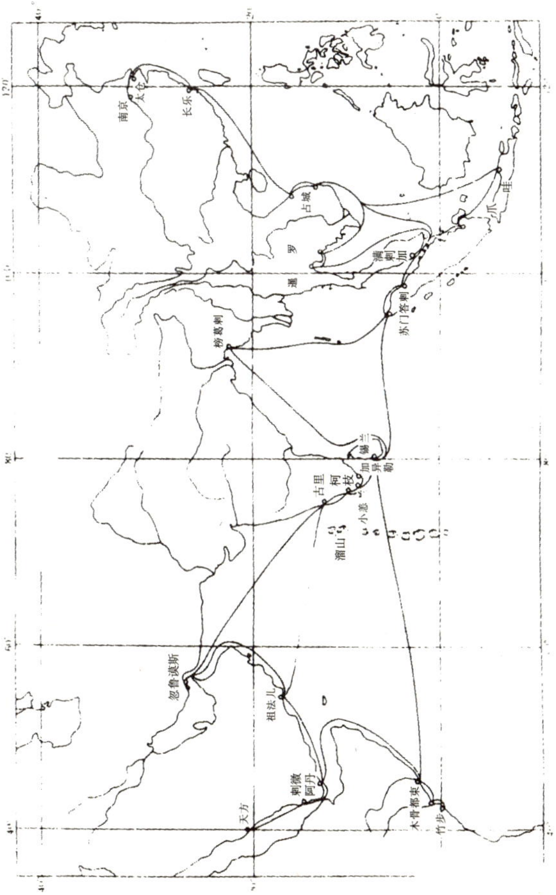

图 11　郑和第 7 次下西洋航线

着他的故事和传说，许多地方还保留着用他名字命名的城市、港口、庙宇、水井等。如泰国有三宝港、三宝庙、三宝塔；印度尼西亚有三宝垅、三宝公庙、三宝墩、三宝井；马来西亚有三宝城、三宝井等等。他的光辉业绩在海上丝绸之路上永远不会磨灭。郑和下西洋的举动为人类文明史增添了极其光辉的一页，不仅加深了中国与亚非各国的友好交往，增进了各国相互间的友谊，促进了东西方的经济文化交流，而且开阔了中国人的眼界，使封闭的中国王朝更加了解世界。可惜这一成果未能得到巩固和发展，腐朽的封建王朝依然故步自封，唯我独尊。以后反让西方殖民者东侵，悄悄地敲开了大门。

3 西方殖民者的东侵与太平洋上的“丝绸之路”

从 15 世纪开始，西方欧洲一些主要国家先后出现了资本主义生产关系，许多城市的工商业蓬勃发展，迫切需要向东方发展贸易关系。而 15 世纪下半叶，东西方陆路贸易通道基本上为土耳其奥斯曼帝国所控制；沟通欧亚大陆的地中海、红海、印度洋的海上航道基本为阿拉伯人所操纵。当时欧亚大陆之间还没有直接的海上贸易关系，为了打破这种僵局，15 世纪末，新兴的葡萄牙、西班牙、荷兰殖民者便设法寻求地中海以外直接通往东方的新航路。

于是出现了所谓地理大发现。主要有 1486 年迪来斯率领葡萄牙舰队到达非洲南端好望角。1497年葡萄牙派达·伽马绕过好望角到达印度，首次开辟了欧洲直达东方的新航路。1492年西班牙派遣哥伦布横渡大西洋，寻找通往东方的新航路，“发现”了新大陆美洲。接着1519年麦哲伦开始了划时代的环球航行，越过美洲，横渡太平洋，来到了菲律宾群岛，从此西班牙人开辟了美洲通往菲律宾的新航路。

最先来到东方的葡萄牙人到达印度后，于1511年侵占了满剌加，使中国失去了海外贸易基地。接着又占领了摩鹿加群岛，向爪哇、婆罗洲（今加里曼丹岛）等地发展其势力。从而其他国家也无法前来进贡，从此明代的“朝贡贸易”便名存实亡了。进而葡萄牙人便积极向中国发展其侵略势力，正德九年（1514年）企图占领广州外港屯门岛，不久为明朝军队赶走。正德十二年发生了屯门之战，葡萄牙人再次被驱逐。嘉靖元年（1522年）又发生了广东新会西草湾之战，葡萄牙人再遭可耻失败。他们并不甘心，继续在我国沿海地区活动，嘉靖三十二年（1553年）用欺骗贿赂手段，赖在澳门定居下来，以后发展成葡萄牙的殖民地。

继葡萄牙之后，西班牙、荷兰等殖民者接踵而来，他们也想在我国东南沿海占据一个通商据点。万历五年（1577年），西班牙人来到福建沿海，为当地地方官所拒绝。1626年偷偷地侵占了我国台湾北部淡水、基隆等地。而荷兰人于17世纪初，再次来到我国沿海地区，两次侵占了澎湖，均因明朝政府坚决反对而被迫退出。最后于1624年侵占了台湾南部地区，后于

1642年赶走了西班牙势力，独占台湾。直到清初康熙元年（1662年）才为郑成功收复。

自从麦哲伦环球航行成功，来到菲律宾群岛以后，经多年努力，终于征服了该岛，使之成为西班牙的殖民地。同时开辟了从菲律宾返回墨西哥的太平洋航路，从此以丝绸为主的中国商品便源源不断地沿着这条航路，经由马尼拉运往墨西哥，行销拉丁美洲各地。这条航路就此成为太平洋上的丝绸之路。中国丝绸除了由陆路运往中亚，由海路运往波斯湾，越过印度洋运到非洲东岸，间接地传往欧洲之外，又越过太平洋运往墨西哥，传往拉丁美洲各地，开始进入了西半球，这在我国丝绸传播史上具有划时代的意义。

从唐代起，菲律宾群岛与我国就有频繁交往，明代与吕宋、苏禄等岛国的联系更加密切。仅洪武、永乐年间，菲律宾的吕宋、合猫里、冯加施兰、古麻剌朗、苏禄诸国先后15次遣使来明“朝贡”贸易，明朝也多次派遣使者去菲律宾诸岛宣慰。在中菲交往中，大量中国的丝织品、瓷器、铁器等成了菲律宾人民生活必需品。当西班牙人来到菲律宾看到精美的中国丝绸之后，产生了浓厚的兴趣，决定大量收购并转销墨西哥，从中获取暴利。

1572年中国海商首次为在马尼拉的西班牙殖民者运来少量生丝、棉织品和陶瓷器等样品，准备转运到墨西哥试销。第二年中国纺织品便开始进入了墨西哥市场，受到当地人民的欢迎，以后逐年增加，1579年起便大量输入，从此开始了以马尼拉为中转站的中国与拉丁美洲的贸易。主要以丝绸为主，包括棉、麻织品和生丝等，有时还有瓷器，这些货物运到马尼拉后，绝大部分由西班牙人购买，转装上大帆船运往墨西哥的阿卡普尔科港，所以这种贸易交往又被称为“大帆船贸易”。

墨西哥的阿卡普尔科原是偏僻小镇，1598 年只有 250 户人家，随着马尼拉—阿卡普尔科航线的开辟，逐渐繁荣起来，很快发展成国际商港。每当运载中国丝绸的大帆船到港时，都要举行盛大的集会，成千上万的人从墨西哥城及其他各地蜂拥而来。市场上挤满了秘鲁商人，他们拥有大量银元，采购大批货物后，除了运到秘鲁自销外，还销往阿根廷、巴拉圭和大西洋沿岸其他地区，也有一部分运往智利，在南美洲几乎无处不见中国丝绸。而墨西哥商人则驱赶驮着中国商品的骡队或车队奔往墨西哥城销售，墨西哥境内有 7.5 万头骡子驮运中国货。从阿卡普尔科到墨西哥城约相距 110 里格（墨西哥长度单位——作者注），沿途虽有崇山峻岭、湍急河流、莽莽丛林，道路崎岖甚至荒无人烟，但因商队过往，一路设有许多客栈，热闹非凡，墨西哥人民亲切称它为“中国之路”。中国货物运到墨西哥城后，大部分转销墨西哥各地，并有部分销往加勒比海诸岛。

中国丝绸价廉物美，受到拉丁美洲人民热烈欢迎。而且中国的生丝大批输往拉丁美洲，使当地有 1.4 万多人依靠纺织来维持生计，大大促进了拉美地区丝织业的发展。中国的棉、麻织品也是拉美最赚钱、最畅销的货物。精美的中国瓷器在拉美更负盛名，受到拉美人民普遍喜爱。在墨西哥城和秘鲁利马等城市，人们把它们当做珍品来陈设或收藏，甚至可以充当货币抵偿向官方缴纳的税金。迄今在拉美许多博物馆中还收藏有早期贸易时的中国瓷器。

据《明史·食货志》记载：明初“钱法不通而用钞，又禁民间以银交易”。洪武年间主要使用大明宝钞，随着商品经济的发展，商品流通规模日益扩大，大明宝钞不断贬值。明代中叶后，全国各地普遍使用白银作通货，白银的需求量急剧增加，而国内的银矿逐渐衰竭，市上白银不足日趋严重。正好这时美洲发现大批蕴藏丰富的银矿，1531～1532 年首先在墨西哥的米却肯地区发现银矿，1550 年前后，又在萨卡特卡斯、圣路易波托西和瓜那华托等地发现了大银矿，当时墨西哥银产量占世界用银的三分之一。接着秘鲁于 1545 年在波托西地区发现比墨西哥更大的银矿，其产量占当时世界产量的二分之一。正好美洲没有东方需要的特产，于是白银成了拉丁美洲向菲律宾出口主要物品；而我国商人极力扩大对菲律宾的出口，以换取国内急需的白银。我国史籍记载：用银，始于闽粤，而闽粤银多从番舶而来，番有吕宋者，其行银如中国行钱，西洋诸番银，多输其中以通商，故闽粤人多商贾于吕宋运银。所谓吕宋产白银是误解，实际这白银来自美洲。所以有人又称太平洋上的“大帆船贸易”为“白银贸易”或“丝银贸易”。从此西班牙银元或墨西哥银元便大量在中国市面流通，一度成为我国通行银币，推动了我国由使用银两向使用银元的币制改革，对促进我国商品经济的发展和货币流通的扩大起了积极作用。

随着太平洋上丝绸之路的兴盛和发展，加强了中国与拉丁美洲的经济文化交流。美洲印第安人的一些农作物，诸如玉米、甘薯、马铃薯、烟草、花生、西红柿等陆续传入中国；同时中国的一些农作物，如柑橘、樱桃、芒果、罗望子和茶叶等也先后移植到美洲，大大促进了两地的农业发展和农作物品种的多样化。这条太平洋上丝绸之路发展了两个半世纪，终因 1810 年爆发了墨西哥独立战争，著名的阿卡普尔科港毁于 1813 年的战火，随着 1815 年马尼拉大帆船“麦哲伦”号驶离墨西哥，太平洋上的“大帆船贸易”也就退出了历史舞台。

4 走私贸易与走私贸易港的兴起

我国海外贸易历来有官方贸易与民间贸易两个渠道，宋元以来大有民间贸易重于官方贸易的趋势，但到了明代只重视有限的官方“朝贡贸易”，不发展民间贸易。由于长期实行严厉的海禁政策，违反客观规律，官逼民反，民间贸易不得不采取走私形式来进行，所以走私贸易便应运而生。

走私贸易在官方看来就是“海盗”、“海寇”，实际上商寇难分，《筹海图编》卷十一《叙倭原》中引唐枢的话说得好：“寇与商同是人也，市通则寇转而为商，市禁则商转而为寇。”关键在于是开海还是禁海，开则为商，禁则为寇；海禁愈严，走私愈烈；官方使用军事镇压，海商被迫进行武装对抗。明代以海上走私为目的的武装贸易集团的出现，在以往的历史上是很罕见的，也是特殊环境下的特殊产物。有明一代，可以说走私贸易贯穿始终，从未间断。

太祖朱元璋一再诏令，严禁交通外番，不得擅自出海与外国互市，凡番香、番货，皆不许贩。诸多禁令的同时，海盗反而猖獗。洪武六年（1373 年），占城国王入贡时，于途中遇上张汝原、林福等“海寇”，国王败之，获其舟 20 艘，苏木 7 万斤。洪武二十六年（1393 年），广东香山县三灶岛居民吴进添通番。永乐、宣德年间，海禁稍弛，私人海外贸易日渐增多。苏门答腊四方商贾辐辏，华人往者，以地远价高，获利倍他国。到了成化、弘治年间，便更活跃，豪门巨室间有乘巨舰贸易海外者。

嘉靖年间海禁最严，海盗亦最猖獗，仅以嘉靖十九年（1540 年）来说，就有海商许松（许一）、许栋（许二）、许楠（许三）、许梓（许四），徽州的王直（王五峰）、徐惟学（徐碧海）、叶宗满、谢和、方连助、李光头等，相继联艅聚集在双屿为基地，南通南洋，东接日本，大规模经营海上走私贸易。胡霖、李剪船队往来双屿与南洋各地，贩运中国的丝绸、棉布和南洋的胡椒香料。甚至有沿海地区的官吏、士绅，依仗其政治权势参与海上走私贸易，进行庇护、窝藏、接应，保证走私贸易的顺利进行。有的民众因怨恨官府，不顾安危支持海盗，如万表的《海寇议前》就记："杭州歇客之家，明知海贼，贪其厚利，任其堆货，且为打点护送。如铜钱用以铸铳，铅以为弹，硝以为火药，铁以制刀枪，皮以制甲。及布、帛、丝棉、油麻等物，大船护送，关津不查不问，明送盗贼。"更有甚者，连剿寇的军队，因对现实不满而率众哗变，与海盗合流。

隆庆以后，虽已开禁，但并非可以自由出海贸易了，仍有种种限制，如制其船只之多寡，严其往来之程限，定其贸易之货物，峻其夹带之典刑。可见对出海船数、航程、货物等等都有限制，当时规定海船止通东西二洋，不得往日本倭国。此时的东西二洋，已与明初不同，明初郑和下西洋时的"西洋"，是指广大印度洋水域，此时那里早已为西方殖民者控制，中国商船已不能问津了。明代后期律令：东洋若吕宋、苏禄诸国，西洋若交趾、占城、暹罗诸国。均在马六甲海峡以东的南洋地区，范围已相当狭窄，何况还不包括日本。再说对出海贸易的商船施以种种苛税和抽分，为抵制这些变相海禁，仍有不少私人商船进行走私贸易。

走私贸易是一种非法贸易，当然不能在正常的对外贸易港口活动，他们要生存、要发展就得找一些具有港口条件、交通便利、物产丰富的地方作为活动基地。顾炎武的《天下郡国利病书》中说得好："滨海之民，惟利是视，走死地如鹜，往往至岛外瓯脱之地。"也就是说，必须找一些官方监管不到的地方，或在不为人注目的江口，或在离岸不远的海岛上。从而走私贸易港便应运而生，诸如浙江宁波港外舟山群岛中的双屿港，福建漳州附近的月港，粤东的潮州港、南澳岛等。

双屿港 现名双峙港，在今宁波市东南约50公里，是舟山群岛中六横岛与佛渡岛之间的一个港湾。港面由两对峙小岛呈八字形，故名双屿。这里为国家驱遣弃地，久无人烟，但地势险要，位置优越，为南北海上交通要道，系倭夷贡寇必由之路，正是进行走私活动的天然良港。初由海商许楠（许二）、王直等来此盘踞，自嘉靖二年（1523年）宁波市舶司因“争贡事件”而罢废后，这里便发展成为走私贸易港了。嘉靖五年（1526年），邓獠招引葡萄牙人来双屿交易，从此葡萄牙殖民主义者开始入侵双屿港，以后便成了葡萄牙殖民主义者走私据点。嘉靖二十四年（1545年），王直又勾引日本浪人来双屿进行走私贸易。葡萄牙人在六横岛上建立馆舍上千所，天主教堂两所，还有医院、市政厅等；设立一套市政机构。全岛仅有3000人，而葡萄牙人有1200人。嘉靖二十七年（1548年），官兵一举捣毁该港，用木石筑塞了南北水口，彻底平毁了这个走私港。

漳州月港 月港在今福建龙海县海澄镇，地处闽南偏僻海隅，九龙江出海口，由此顺流向东出南港，经海门岛、圭屿、厦门岛出海，交通便利，港汊曲折，港湾环境优越，也是发展走私贸易的好地方。自景泰四年（1453年）后，民多货番，闽人通番，皆自漳州月港出洋。成化、弘治年间，朝贡贸易日衰，中外商船皆往漳州海面私自驻扎交易，这里有“小苏杭”之称，而广州市井反而萧条。正德以后这里海外贸易不仅超过福州，而且也超过了广州，成为当时最繁荣的外贸港口。葡萄牙、西班牙、日本等国商船纷至沓来，嘉靖二十年（1541 年）仅葡萄牙商人居于漳州的就达 500 多人。隆庆以后，海禁开放，海外贸易更加发达，隆庆二年（1568 年）福建重设市舶时，先设于漳州诏安县梅岭，隆庆六年（1572 年）移至月港。月港至万历年间，月港已成为闽南一大都会，海外贸易中心之一，其海舶遍及东西洋各国，因地近吕宋，是太平洋上“丝绸之路”的重要起始港。可惜先天不足，港道水浅，难以适应海舶需要，明末便转向其外侧水深港阔的厦门港。

潮州港、南澳岛 这里地处闽粤交界处，为韩江出海口，唐宋时已有舟船继路，商使交属，明时这里诸多港湾悉皆通番。尤其是南澳岛，位于韩江口外，四面环海，素有潮汕屏障、闽粤咽喉之称。岛上港湾众多，位于岛西北的深澳天后宫，记为宋时番舶建，说明宋时已有异邦海舶来此停泊。有人记载，明初这里已为诸夷贡道所必经之地。严如煜的《洋防辑要》记：“嘉靖初，倭舶于此互市。既而倭自福建之浯屿移泊南澳，建屋而居。”说明当时南澳已是中外舶商进行民间贸易重要场所。潮州饶平柘林港为商舶巨舰往来之所，《读史方舆纪要》中记，明时暹罗、日本及海寇皆泊巨舰于此。饶平人陈栋冒险入海去暹罗、日本等国交易，自此日本商人方来华进行私人贸易。另有澄海人林道乾也于此率众数千，去交趾、安南、暹罗等地进行海外贸易。

明代由于长期实行海禁政策，只发展有限的朝贡贸易，沿海市舶受到种种限制，难以得到充分发展。随着官方贸易的衰退，沿海对外贸易大港也日渐衰落。相反，由于民间走私贸易不可遏止地蓬勃发展，沿海走私贸易港却日益兴盛起来。

明代浙江宁波市舶司是唯一接待日本勘合贸易的港口，到嘉靖二年（1523 年）因发生“争贡事件”而被罢废。此时走私贸易日盛，宁波对岸海中双屿港已成走私贸易基地，集结中外商人万余人，停靠商舶千余艘。直至嘉靖二十七年（1548 年）才被官军捣毁。隆庆以后虽已“开禁”，使宁波港得到了复苏，但对日贸易一直没有恢复，宁波港只是国内民间贸易的、南北货运转口贸易港而已。

福建泉州市舶司在明代只是对琉球贸易而已，由于港口条件不利，琉球贡使因图方便，改由福州，故在明中叶市舶也随之移入福州。而福州市舶毕竟对外贸易有限，难以发展；而这时期漳州月港却因走私贸易的活跃而兴盛起来，成为福建对外贸易的中心。到万历年间，已成为东南一大都会，一年得税二万余两，以充闽中兵饷。只是它属内河港口，出海必经河口厦门，故明末为天然良港厦门港所替代。

广州历来为我国对外贸易大港，明代也不例外，它是明代三大市舶司之一，而且它面对南洋，接待的国家最多，自泉州港衰退以后，它又恢复为全国第一大港。特别是嘉靖年间，浙江、福建两市舶司被撤销后，它便成了全国唯一对外贸易口岸，长期处于垄断地位。虽然粤东潮州港在民间走私贸易中得到发展，但广州依然保持它原有繁盛状态，即使在对墨西哥的太平洋上“丝绸之路”的“丝银贸易”中，它也发挥一定作用，向马尼拉提供大量丝绸和生丝。只是澳门被葡萄牙所占后，对广州的发展不无一定影响，葡人占取了欧洲与东洋的贸易，广州原来的对外贸易基本上为葡人所垄断，澳门已成为广州的外港，实际成了各国贸易中心。

明代海外贸易由盛转衰，我国港口发展也随之由盛转衰，代之而起的一些走私贸易港，虽有很大发展，但毕竟有限，只是起到对外交往中的“窗口”作用，不能替代以往贸易大港的“门户”地位。

七　清代海上丝路的衰落

1　从海禁到开放海禁

清初由于沿海的福建、广东、浙江、江苏等地，曾是明末残余势力南明福王、鲁王和唐王政权活动中心，他们的部属长期在沿海地区不断袭击清军。尤其是郑成功的水军对清朝政府威胁最大。迫于这种形势，清朝政府在顺治十二年（1655 年）发布禁海令：海船除给有执照许令出洋外，若官兵人等擅造两桅以上大船，将违禁货物出洋贩卖番国，并潜通海贼，同谋结聚，及为向导，劫掠良民；或造成大船，图利卖与番国；或将大船赁与出洋之人，分取番人货物者，皆交刑部分别治罪。至单桅小船，准民人领给执照，于沿海附近处捕鱼取薪，营汛官兵不许扰累。其实这禁令并不严格，只是禁止私自出海，凡领得执照的可以出洋或在沿海捕鱼取薪。并谕令，凡私自下海将粮食货物与逆贼交易者，就得处斩。顺治十三年又严申：凡沿海地方口子，处处严防，不许片帆入口。

顺治十八年（1661）后，为了进一步禁海，又下令强行迁海：迁沿海居民，以垣为界，三十里以外，悉墟其地。康熙三年（1664 年）又令再徙内地五十里。康熙十八年（1679 年）在福建上至福宁下至诏安，赶逐百姓重入内地，或十里或二十里。上述 18 年中先后三次推行迁海，遍及山东、江苏、浙江、福建、广东五省沿海，以闽、广受灾最为严重。从沿海二三十里至上百里内居民，必须全部内迁，除随身可带之物外，一般沉重物品和房屋等一律烧毁。造成沿海地区一座座村庄被焚毁，大片大片农田和盐场被荒废，使之成为荒无人烟的空白地带。直到康熙二十二年（1683 年）清政府统一了台湾之后，才废除迁海令，使沿海人民重返家园，陆续恢复旧业。

严厉的海禁使正常的海上交通被断绝了，沿海市舶机构实际等于罢废了。特别是市场流通阻塞，外国银元停止流入，造成白银货币严重短缺。有官员在奏疏中记述了海禁前后的变化：犹记顺治六、七年间，彼时禁令未设，见市井贸易咸有外国货物，民间行使多以外国银钱，因而各省流行，所在皆有。自一禁海以后，此等银钱绝迹不见一文。

海禁虽严，但海外贸易依然尚存。首先是正常朝贡贸易还在进行，主要是对琉球、暹罗。顺治三年（1646 年）琉球就来朝贡，顺治十一年（1654 年）规定朝贡两年一次，由福建福州进口。而暹罗于顺治九年（1652 年）开始来清入贡，康熙四年（1665 年）议定三年一贡，由广州为其进出口岸。这类朝贡贸易毕竟有限。其次是通过澳门进行转口贸易，因澳门为葡萄牙所占，经葡萄牙与清政府多次交涉，清廷于康熙十七年（1678 年）准许开放广东和澳门的商路，这样内地商货部分可以经陆路运到澳门再转口运往海外。再有就是民间走私贸易，任何时候都会有人冒险违禁出海，高额的利润吸引那些富商孤注一掷，小商小贩和平民百姓为了生计也会去冒险。待开禁后连康熙本人也承认："向虽严海禁，其私自贸易者何尝断绝。"

海禁期间，海外贸易最为活跃的是郑成功在沿海经营的通洋裕国，以商养兵的活动。清朝政府实行严厉的海禁和迁海政策，主要是为了对付郑成功在沿海的活动，未料收效甚微，适得其反，反而促使郑成功在海外贸易方面得到更大的发展。清时有人就说：我朝严禁通洋，片板不得入海，而商贾垄断，厚赂守口官兵，潜通郑氏，以达厦门，然后通贩各国。凡中国各货，海外皆仰资郑氏。于是，通洋之利，惟郑氏独操之，财用益饶。说明实行海禁后，国内商贾仍以重金贿赂官兵，暗通郑成功，由厦门通贩各国；而外国所需中国货，亦都靠郑成功商船提供，这样郑成功商贸集团反而成了国内、国外相互沟通的中间商了。

郑成功之所以能坚持长期反清复明活动，他能积极从事海外航运贸易，从经济、物质方面得到支持，也是一个重要原因。他利用地区差价，进行长途贩运，赚取高额利润。他的船队主要去日本和南洋各国，往往根据当时市场行情变化和军需物资来调整变化航线。其航线除了直达外，还有三角航线。如从厦门装载生丝、丝绸等物资先运往南洋地区换取香料等，再运往日本，从日本运回黄金、铜和军器等。他拥有约70艘船，每年可获利约有234万~269万两白银。郑成功拥兵约18万人，军饷开支约需360万两，其海外贸易的收入约占他全部支出400万两的62%左右。厦门港经他开发后，已成为对东南亚地区贸易的周转中心了。

顺治十八年十二月（1662年年初），郑成功进军台湾，一举赶走了荷兰人，收复了祖国宝岛台湾。收复台湾不久，郑成功病逝了。他是杰出的民族英雄，是开发台湾的先行者。此后其子郑经继承父业，他们的海外贸易得到更大发展。台湾土产和砂糖均由他们外销，仅砂糖年产就有200万斤以上，还有鹿皮约10万张，出口量大为增长。最后于康熙二十二年（1683年）台湾为清军收复，方才结束郑氏海外贸易活动。郑成功发展海外贸易为发展当时的海上交通，促进中外物质文化交流，还是起了一定的积极作用的。

清政府收复台湾后，第二年就开禁了。其后，康熙五十六年（1717年）因惧外出华人聚集反清，便又一次实行海禁，不过这次只是禁内不禁外，受害的是国内航运者，使地狭人稠的福建沿海居民深受其苦。雍正五年（1727年）便宣布解禁了。清初两次海禁，共39年，虽对发展海外贸易造成很大损失，但比起明代来说，大有进步。就在康熙二十三年（1684年）开禁的同时，便在上海、宁波、厦门、广州设立了江海、浙海、闽海、粤海四关，以海关替代了以往的市舶机构。自此沿海海上贸易很快有了较大恢复和发展，沿海港口广州、潮州、厦门、宁波、乍浦、上海等港都有显著发展；甚至北方的天津、牛庄等港也新兴起来，只是还没有直接外贸交往。清初海外贸易随着开禁，又有了新的发展。

2 中日贸易的发展

自康熙二十三年开禁以后，长期被禁锢的中日民间贸易得到了解脱，此后驶往日本的商船逐年增加，1685 年有 85 艘，比上年 24 艘增加了 2 倍多。1686 年有 102 艘，1687 年为 137 艘，1688 年增到 193 艘，这年赴日商人达 9128 人次。这些船只不单是从中国各港开出的，还有转贩东南亚地区货物到日本的中国商船。当时日本称荷兰人的船为红毛船，把中国船不管从哪来的统称为唐船。然而根据各船出发的港口，分为口船和奥船。口船是指从中国南部各港口开来的船。奥船是指从东南亚地区开来的船，后来对两广开来的船又称为中奥船。口船中又有南京船和福州船之分，南京船指江苏各港开出的船，船底长而平，是内河船出海的；而福州船就不同了。不过它们都有本帆和弥帆（即竹席编成的），不管逆风、斜风都可自由航行，所以不必再候季风来日本了。一般来说，口船小而奥船大，大船可载一百二三十万斤，一般载五六十万斤，或二三十万斤，小船仅载十万斤左右。

当时中国去日本这么多商船，把各地所出土特产运往日本，受到日本人民普遍欢迎。而从日本运回来的主要是金、银、铜等贵重金属，当时中国国内对铜的需求量很大，所以铜的进口占有突出地位。据统计，从 1648 年到 1708 年，60 年间日本出口黄金约 240 万两，白银达 37 万贯。而铜从 1662 年到 1708 年，46 年中从日本输出 1.1 亿余斤，其中 1684～1697 年的 14 年中向中国输出的铜就达 5970 万斤，其后不断增加。日本感到长此下去，其金银铜将会枯竭。于是 1685 年便提出限额贸易，规定对清船限贸易银额为 6000 贯。所以这时期的中日贸易又称之为“限额贸易”。随后又对进港船数加以限制，1688 年作出规定，每年清朝商船只准来 70 艘进行贸易，并按季节和出发地点作了具体规定。

这样对中日双方都不利，又几经周折，发现“近年唐人与日本人均巧于走私”，虽表面上限制了贸易额和准许贸易的船数，如不严格取缔走私贸易，仍难以防止日本金银铜的大量外流。为此，日本方面于 1715 年颁布“正德新令”，规定赴日商船必须持信牌入港，每年限额 30 艘船，交易额为 6000 贯，加上代替物，不得超过 9000 贯，向唐船输出铜量不超过 300 万斤，铜不够则以他物代替。信牌，也称“割符”，是仿照元代市舶法中的公验制而拟订的。并制定条规，作了种种规定：如必须严格按限额进行交易，凡载来货物大大超过或少于限定银额，一律不再发给信牌，该船人员永远不准往来；规定往来船舶，必须取道五岛以南之海路航行，如进港时不按规定航路驶来，如无故停泊港内，稽延时日，或取道规定以外航路行驶时，均不准交易，不再发给信牌，该船人员永远不准往来。

由于日本产铜逐渐减少，加上我国滇铜产量渐增，对日本铜的需求减缓，以后去日商船逐年减少，如1732年有29艘，1736年为25艘，1739年仅20艘，1742年减至12艘。中日间的贸易交往就此日趋衰落。

当时清朝去日商船，无论口船、奥船，大都由浙江舟山群岛的普陀山起航，直驶日本长崎，即使被风漂到萨摩、五岛、平户、对马等地，也得雇用拖船拖入长崎。因为当时德川幕府实行“锁国令”，日本船只一律不许出海，所以这时期不见日本船舶来华。而长崎得到幕府特许，被指定为与中国贸易的唯一对外港口。港内特地建造了唐人坊，除了供中国商人住宿外，还设有仓库、哨所、店面、土神祠、关帝庙、观音堂等。长崎为当时中日贸易中心，对中日经济文化交流起有重要作用。

3 与东南亚各国的贸易往来

自西方殖民者来到东方后，他们不仅控制了印度洋航行权，而且在印度次大陆、印度支那半岛以及东南亚地区不断扩展其势力。从而我国自汉唐以来所开辟的南海航路，自明中叶以后逐渐萎缩到今南洋地区，所以清代南海航路主要是与东南亚各国进行贸易交往。

清代自开禁以后，与南洋地区的海上贸易日益活跃，主要由福建的厦门、广东的潮州澄海、广州及海南岛等地出港，这里地近南洋，来往方便。少量也有从上海、宁波前往的。在东南亚诸国中，关系最为密切的首先是越南和暹罗，它们离我国最近，来往最方便。

越南是我国南方近邻，它的北部与我国广西、云南毗连，所以它与清朝政府的朝贡贸易被指定由广西陆路进行。而且中越间的民间贸易也严格限制在边境进行，不许越南商舶来广州交易。但越南中南部地区的沿海城市，通过海上交往比走陆道翻山越岭要方便得多，所以当时在越南中部的会安，南部的西贡、堤岸等地都常有中国商船前往贸易。其中以会安最为著名，越南各地商贩、华侨把当地各种货物运到会安，与来到这里的中国商船换取中国商品。到17世纪末，每年总有十几艘中国商船到这里来进行贸易活动。据清代档案记载，乾隆三十八年（1773年）越南稻谷丰收，仅澄海县于十二月初九至二十五日，半个月中就有19艘船前去越南购米。乾隆四十年（1775年）两广总督奏疏中说：本港商船每岁赴交（指交趾，即越南）置备锡箔、土香、色纸、京果等物；其自交回广，则买带槟榔、胡椒、冰糖、砂仁、牛皮、海参、鱼翅各种。该国土产与必要天朝货物，悉从海道往来。

越南商船虽不能直接来华贸易，但他们时常借护送海上遇难的中国船民的机会，派船顺带货物来粤进行贸易。如道光九年（1829年），一次借护送遭风受难的广东监生回广东之际，不仅顺带货物来粤交易，而且还向清政府递交了文书，正式请求能常年货船往来，每次或两三艘，来粤互市。遭到清政府拒绝。道光十一年（1831 年）又有越南瑞龙号船，借护送中国难民及彰化知县李振青家属回闽，随船带有肉桂、砂仁、燕窝、沉香、象牙、黄蜡、木材、海产品等五千余担来厦门港进行交易。可见两国海上贸易交往尽管受到种种限制，但仍很密切。

说到暹罗，前面已述，早在清初实行海禁前，已有琉球、暹罗等国遣使前来朝贡，以后即使在海禁期间也从未中断，关系一直很密切。按规定是三年一贡，贡船两艘，实际上其贡船几乎每年不断，每次来都不止两艘。据《粤海关志》记，乾隆五十一年（1786 年）的上谕中说："暹罗国王每年正副贡船到关，其随带之船至十余只之多，又有借名探贡船只，俱属内地商船，所带货物甚多。"对暹罗商船，历来予以特别优惠，"听其随便贸易，并免征税"。至鸦片战争前，每年暹罗来华商船常达百艘以上。至于当时中国去东南亚的商船，也以到暹罗的最多。据东印度公司的一份报告统计，1830 年中国去东南亚各国的商船，以去暹罗的最多，共有 89 艘，另外从海南岛去的小船，估计还有约 50 艘。一位西方人士在这之后不久，亲眼看到曼谷河中的中国商船，每艘载重在 200 吨至 600 吨之间，排列停泊在河中，长达 2 英里以上。可见中国商船在暹罗之多。

自明中叶以后，我国闽粤沿海地区因地少人多，商品经济发展很快，一直缺粮。正好东南亚地区盛产稻米，其中以暹罗最为丰盛，所以在清代的中泰两国贸易交往中，米粮交易成为大宗。清政府对暹罗尤为优惠照顾，为保障其出口大米的利益，规定沿海浙江、福建、广东诸口不得随意压价，当时暹罗米价每石不过二三钱，而清政府决定每石给五钱。而且一旦米市呆滞，无法脱销，清政府还全力收购，以作库粮。不仅如此，还一再特准免税。如康熙六十一年（1722年），特准暹罗贡使运来米三十万石，到福建、广东、宁波三处出售，并予以免税。雍正二年（1724年）为优待暹罗等国运米船只，特准与随带货物一并免税。乾隆八年（1743年）还规定：凡遇外洋货船来闽、粤等省贸易，带米一万石以上者，免去船货税银十分之五；五千石以上者，免十分之三。而中国商船从外运回大米，要求同等待遇，却不能一视同仁。只是在乾隆十六年（1751年）提出：凡内地商民，有自备资本，领照赴暹罗等国运米回闽赈济，数至二千石以上者，按数分别生监民人，赏给职衔领带。只是赏予九品顶戴至七品把总职务的荣誉官衔而已。

暹罗盛产木材，可以用来造船，于是乾隆九年后，不少中国商人去那里造船运粮。于是乾隆十二年（1747年）作出规定：凡在海外造船，船粮同回则可准归；其无米载回，只造船载货归者，应赔罚船税示儆。于是，在鸦片战争前，形成一股大量运米热潮：雍正九年（1731年），厦门12艘商船运回大米11800石；乾隆七年（1742年），广东商船捎回米2300石，福建38艘商船捎米42900石；乾隆二十七年（1762年），运回大米63900石；道光十年（1830年），仅广州进港米船 15 艘，运米 59650 石，谷 12240 石；道光十二年（1832 年），仅广州进港米船 29 艘，运来米 122640 石，谷 1501 石。

由上可见，当时从暹罗南洋地区进口大米多么可观，海上贸易依然很活跃。以后随着西方列强不断瓜分东南亚，垄断南洋航运，我国前往贩运大米热潮逐渐衰落。

闽粤商船每年冬春间，还往柬埔寨互市；有的商船甚至到达了缅甸仰光。至于对马来西亚、新加坡、菲律宾、印度尼西亚、爪哇、婆罗洲（今加里曼丹）、苏禄等国的贸易交往也一直不断。有的还利用当地木材，就地造船后载货而归。有时在贸易的同时，还带去一批工匠，就地取材制作当地需要的手工业品，就地销售，颇受当地人民欢迎。

值得一提的是，这时期我国沿海地区大批人口随海船外出，移居这些国家，成为当地侨民，对开发这些地区作出了巨大贡献。如越南南部的柴棍（即西贡，今胡志明市）、发福、拓河等地均经大批华侨辛勤开发才得以发展；暹罗的华侨在鸦片战争前已达 150 万人，占当地人口六分之一；在新加坡、马来西亚、印度尼西亚等地，几乎到处都有大批中国侨民在艰苦创业，扎根生息，与当地人民共建美好家园。西方殖民主义者不仅对华侨进行残酷剥削压迫，甚至进行野蛮屠杀。数以千万计的华侨所付出的血汗，所作出的贡献，为世人瞩目。他们为发展人类文明史写下了光辉灿烂的一页。

4 与西方国家的早期贸易

我国与西方殖民者最早接触是在16世纪初，主要有葡萄牙、西班牙、荷兰等国，只是以走私形式在我国沿海地区偷偷摸摸地进行贸易。英国也想插足，但未能得逞，后在郑成功收复台湾后，英船不断为郑氏输送军火，开始建立了海上贸易关系；又乘郑氏回厦门之机，在台湾设立商馆。1715年东印度公司在广州设立了商馆，作为对华活动基地。此后英、法、美三国势力迅速发展，排挤葡萄牙、荷兰等国，成为中国主要贸易对象。

在清代的中西早期贸易中，英国首先占据了特殊地位，据统计，1785～1833年，英国在广州的贸易中，占进口总额的80%～90%，占出口总额的65%～80%。其次是美国，自乾隆四十九年（1784年）美国商人第一次来广州后，贸易发展迅速，到1789年美国已成为仅次于英国来华商船最多的国家，在1799～1801年三年中，其来华船数甚至超过了英国，但美国的贸易额远不及英国，在对华贸易中居于第二位。法国早在康熙三十七年（1698年）即有“安菲德里蒂”号来到中国，正式开始中法间贸易，清政府首先允许法国在广州设立商馆。法国与我国的商贸发展很慢，直到1833年，英国到广州的商船多达107艘，美国亦有59艘，而法国仅有7艘，远远落后于英美之后。

当时中国出口商品主要是茶叶、丝绸、棉布和瓷器等。其中茶叶出口最多，17 世纪以前，欧洲人还没有喝茶习惯，随着中国茶叶间接地传入欧洲，他们喝茶风气很快盛行起来。17 世纪下半叶到 18 世纪，茶在英国等地已普遍被饮用，颇受人们喜爱，需求量不断增长。英国从一开始来华贸易就把着眼点放在茶叶上，1730 年东印度公司就指示其在广州的代理商，要他们不惜一切代价争取独占中国茶叶出口市场。据统计，1771～1780 年间，每年平均购买 600 万磅茶叶。到 1831～1837 年间，每年要购买 3500 万磅茶叶，其增长速度令人惊讶。18 世纪 70 年代，英国每年购茶量占中国茶叶出口量的 33%，80 年代已占 54%，90 年代上升到 74%，到 19 世纪初，达到了 80%。美国原是英国的殖民地，早在独立之前就已养成喝茶习惯，1784 年美国“中国皇后”号首航中国的首要任务就是采购茶叶。最初两次就购买了 88 万磅，1790 年已达 309 万磅，1799 年上升到 567 万磅，1806 年增长到 1170 万磅，其数额之大，仅次于英国。

西方国家向中国输入的商品基本上不为中国人民喜爱和需要，如英国出产的毛织品既不精美，又不便宜。他们运来的棉花，出自印度。中国本是产棉大国，所织土布，深为西方人喜爱，在欧洲市场上很畅销。而美国初来时运来的是人参，随后又带来从西北美洲收购的皮毛和从夏威夷运来的檀香木，这些东西中国人虽很重视，但都很昂贵，其需求量毕竟有限。他们拿不出像样的东西来与中国丝、茶等物品进行交换，所以长期以来，他们主要支付白银，处于出超被动状态。当时西方商船来华贸易，所载货物与白银的比例，大致为一比二。如雍正八年（1730 年），有五艘英国东印度公司的商船到广州贸易，运来的货物值银 13712 两，另外带来白银竟有 582112 两，超过货价的 40 多倍。有人认为美国早期来华贸易，与其说是来销货，不如说是来购货。直到 19 世纪 30 年代，他们每年仍出超二三百万两白银；有人统计，从 18 世纪初到 19 世纪 20 年代，经这些欧洲商人输入中国的白银至少有 5 亿元。

清代与西方国家早期贸易往来，虽长期处于入超地位，但已非昔日海上丝绸之路性质。我国两千多年来开辟的海上丝路，是一条和平友好之路，是为了促进各国经济文化交流之路，是文明之路。而西方殖民者来华贸易，实际走的是一条掠夺之路，他们所购买的货物，并不都运回本国，有许多是在中途脱手的。如 1824 年美商在广州购去茶叶 103000 担，其中约有 43000 担是在欧洲市场上转卖的。当时一艘来广州的美国商船，原来可能装载的是农产品等，但这一船货物在欧洲或地中海某一口岸停泊时，调换成一船运销毛利西亚或印度或其他地方的货物。西方的货船在抵达广州之前，船上的商货往往经过三四次的调换；回去途中依然进行多次倒换。西方各国早期来华贸易，实际都是贩运性质的转口贸易，从中获取暴利。

八　海港的半殖民地化

1　鸦片的大量输入

大批白银输入中国，西方殖民主义者岂能甘心，于是他们便千方百计要打开中国市场大门，在外交手段屡屡受挫之后，甚至不惜动用武力。

1793 年英国派遣以马嘎尔尼为首的使团来北京，提出开放宁波、舟山、天津等地为商埠，减轻税率等无理要求，遭到中国政府拒绝。随后于 1802 年英国兵船在广州外伶仃洋面试探中国防御实力，图谋进犯。1808 年英国 13 艘兵船侵扰我国东南沿海，闯入虎门，被中国水师击退。1816 年又派阿美士德为首的使团来中国活动，提出公使驻京，开放北方通商口岸等要求，又一次遭到严正拒绝。1832 年东印度公司派遣“阿美士德”号武装商船偷偷从澳门出发北上，经过厦门、福州、台湾、宁波、刘公岛以及朝鲜、琉球等地，沿途测绘地形，收集军事情报，为武装入侵中国做准备。所以说，1840 年发生震惊中外的鸦片战争是英国殖民主义者蓄谋已久的。

1833年以前，英国在华贸易一直处于入超地位。自这年英国议会中止东印度公司对华贸易垄断权后，只能开展“自由”对华贸易，向中国大量倾销鸦片，才使英国很快从逆差国转为顺差国。据统计，在1767年以前，运往中国的鸦片不超过200箱，主要是由葡萄牙人贩运；1773年英国东印度公司决定向中国大批量地走私鸦片，很快增加到每年1000箱，1800年达到4570箱，1821年增到5959箱，1829年已达16257箱，1838年竟高达35500箱。中国的白银从而花花地外流，清代文献中记：“洋烟一物，贻害尤甚，耗银尤多。若如所奏，广东海口，每岁出银至三千万两，福建、浙江、江苏各海口，出银不下千万，天津海口出银亦二千余万。一入外夷，不与中国流通，又何怪银之日短，钱之日贱也。”

同时美国从1805年也对华进行鸦片走私贸易，开始其独家贩卖土耳其鸦片的勾当；1817年起贩卖波斯的鸦片；1821年又参加英国东印度公司的贩卖鸦片贸易。鸦片战争前，美国对华走私的鸦片，仅次于英国，最多的年份有2000箱。美国的走私活动比较诡秘狡猾，一般不为人们所察，其精确数字也不易得到。实际上，美国鸦片贩子往往与英国鸦片贩子相勾结，由悬挂英旗的船只把鸦片运华；或将大批鸦片装入棺木，冒充船上水手死尸，抬到陆上发售；或利用刀剑、枪炮齐全的鸦片飞剪船，实行武装走私。所以美国到底运来多少鸦片，谁也说不清。但有一点，在鸦片战争前，美国驻广州的历任领事，没有一个不是经营鸦片走私的。

2 海港的半殖民地化

西方列强来华贸易主要是为了进行殖民地掠夺，所以它们多次向清政府要求开放沿海商埠，减轻税率等。但在鸦片战争前，一直未能得逞，最后它们用炮舰，打开了中国封闭的大门。鸦片战争后，清政府与它们签订了丧权辱国的《南京条约》和《虎门条约》。

条约中首先开放广州、福州、厦门、宁波、上海五处为通商口岸；除了赔款还割让了香港，开始了它们在中国的殖民地统治；要求协定关税，自此篡夺了中国的关税自主权；要求开设“租界”，等等。中国海港开始半殖民地化，具体表现为海关自主权丧失等。

海关自主权丧失 减轻税率是殖民者梦寐以求的要求，条约签订中国各港口的海关都有外国人来插手关务，由他们掌管税务司，具体税率由他们来定。按《五口通商章程》中确定的“值百抽五”的原则，各港口税率变相地固定在当时世界上最低的税率标准上。宋代以来市舶“抽分”都在“十抽一”或“十五抽一”水平上，进入现代文明时代反而成了“二十抽一”了。何等荒唐！而且还规定，内地各关，不得加增。其手已伸到全国各地。

外贸自主权丧失 鸦片战争前，广州长期为我国唯一正式对外贸易港，当时特许经营对外贸易的商人的共同组织为“公行”，实际是清政府特许的一种兼有商务和外交双重性质的半官方组织，也就是清朝半官方半商业性质的对外贸易机构。广州进出口贸易的实际经营权完全由公行掌握。但广州开埠后，公行制度被迫废除，广州进出口贸易的实际经营权逐步为外国洋行所控制。洋行即外国设在中国各港口推销商品和掠夺原料的经营机构。此外他们还在各港口设立银行、开办轮船公司、船舶修理厂等，控制了金融外汇、贸易运输、船舶修造及其他加工业务。

港口引水权的丧失 港口、内河引水权是国家主权和尊严的体现。凡有外国船舶进港必须由所在国引水员引领，我国在港口称作领航，在内河称作领江。以往外国船舶要进广州，须由中国“海防衙门拨给引水之人，引入虎门，湾泊黄埔”。开埠后虽仍有中国引水员引水，但条约中却规定外国商人可以“即行带进”、“随时带出”，他们有很大的随意性。在1844年中法《黄埔条约》中又规定“可自雇引水，即带进口……若有三张船主执照，领事官便可着伊为引水”。也就是说他们可以随意自带或自己雇用引水员，在各港口任意进出。

其结果使列强们在中国大肆掠夺原料，任意倾销商品。他们肆无忌惮并堂而皇之地销售鸦片，整箱整箱公开地在街上销售，不受任何限制。我国港口便完全半殖民地化了。

结束语

我国海上丝绸之路曾为人类文明史谱写过极其光辉的一页。它不仅仅为海上交通、远洋航运、海外贸易方面作出过巨大贡献，更重要的是，它沟通了东西方的经济文化交流，增强了各国间的友谊。它与陆上丝绸之路相辅相成，殊途同归。

它的深远历史意义愈来愈受到世界各国人民的重视，二十年前联合国教科文组织特意组织了“海上丝绸之路”综合考察，列为联合国世界文化发展十年规划中的一项重要活动。考察船于 1990 年 10 月 23 日从意大利的威尼斯港起程，经过亚得里亚海、地中海、爱琴海、苏伊士运河、红海、阿拉伯海、印度洋、马六甲海峡、中国南海、朝鲜半岛，最后于 1991 年 3 月到达日本大阪。当他们于 1991 年 2 月途经中国时，曾访问了广州和泉州，并于 2 月 17 ~ 20 日在泉州举办了国际学术讨论会。他们的考察包括了南海航路和东海航路，增进了古代海上丝绸之路沿途各国人民的友谊。

这条海上丝绸之路虽是由我国人民所开辟，但它是由沿途各国政府和人民共同建成的。为了它的发展，无论是开辟新的航路，还是不断增进相互交往联系，各国人民都不畏艰险，不怕牺牲，排除万难，英勇奋斗，使它成为沟通亚、非、拉三大洲经济文化交流的纽带。所以它应该属于全人类，它为人类文明发展作出过巨大贡献。

可是，自16世纪开始，当西方列强把它们的魔爪伸向东方时，这条曾经有过光辉历史的海上丝绸之路便遭到它们的蹂躏、摧残和破坏。它们用极其野蛮的手段，侵占了沿途许多国家，把这些国家变成了它们的殖民地。这些国家由于丧失了自主权，便不能再为这条美好的友谊之路作出自己的贡献。同时这些殖民者还十分霸道地横行于航道上，切断了各国间的交往。所以从明代后期起，我国便改变了以往的东西洋概念，印度洋以西便不能再问津了，使海上丝路呈萎缩状态，其活动范围日趋缩小。

再说西方殖民主义者来到东方，名为贸易，实为掠夺，不再像古代海上丝路上各国人民相互交往，互通有无，平等互利，和平友好。就以西班牙人开辟的太平洋上“丝绸之路”来说吧，他们开辟了这条新航路，就把它垄断起来，不许别国染指。当时美洲的墨西哥、秘鲁等国，很想到东方菲律宾或我国来直接采购他们所需的丝绸、瓷器等，但遭到了西班牙殖民主义者的无理阻挠。所以这条新航路虽然维系了二百多年，但它并没有像以往其他航路那样充分发挥其作用，不能直接沟通双方的交流，也不能促进双方人民间的友谊发展，它始终是殖民者掠夺资源的通道。从其性质来看，它已经失去以往海上丝绸之路上和平友好的优良传统。

当英美法等新殖民主义者来到东方时，他们穷凶极恶、变本加厉地进行掠夺。他们屡屡提出无理要求，迫使我国清朝政府闭关自守。真是来者不善，善者不来，他们居心叵测，在东方大肆进行鸦片贸易，毒害东方人民的身心，并从中牟取暴利，掠夺东方的财富。鸦片战争后，我国沿海主要港口均被他们控制，逐渐半殖民地化了，成为他们掠夺原料、倾销商品的基地。我国失去了外贸及关税自主权，从而使这条名扬四海，光芒四射，发展了两千多年的“海上丝绸”的人类文明之路绝了迹。

参考书目

1. 章巽：《我国古代的海上交通》，商务印书馆，1986。

2. 陈高华、吴泰、郭松义：《海上丝绸之路》，海洋出版社，1991。

3. 常任侠：《海上丝路与文化交流》，海洋出版社，1985。

4. 〔日〕三上次男：《陶瓷之路——东西文明接触点的探索》，胡德芬译，天津人民出版社，1983。

5. 连云山：《谁先到达美洲》，中国社会科学出版社，1992。

6. 陈高华、吴泰：《宋元时期的海外贸易》，天津人民出版社，1981。

7. 沈光耀：《中国古代对外贸易史》，广东人民出版社，1985。

8. 周一良主编《中外文化交流史》，河南人民出版社，1987。

9. 沈福伟：《中西文化交流史》，上海人民出版社，1985。

10. 何川芳、万明：《古代中西文化交流》，山东教育出版社，1991。

11. 中国航海史学会：《中国航海史》（古代航海史），人民交通出版社，1988。

12. 孙光圻：《中国古代航海史》，海洋出版社，1989。

13. 朴真奭：《中朝经济文化交流史研究》，辽宁人民出版社，1984。

14. 王晓秋：《中日文化交流史话》，山东教育出版社，1991。

15. 池步洲：《日本遣唐使简史》，上海社会科学院出版社，1983。

16. 张铁生：《中非交通史初探》，三联书店，1965。

17. 张俊彦：《古代中国与西亚、非洲的海上往来》，海洋出版社，1986。

18. 沈福伟：《中国与非洲——中非关系二千年》，中华书局，1990。

19. 马文宽、孟凡人：《中国古瓷在非洲的发现》，紫禁城出版社，1987。

20. 汶江：《古代中国与亚非地区的海上交通》，四川省社会科学院出版社，1989。

21. 沙丁等：《中国和拉丁美洲关系简史》，河南人民出版社，1986。

《中国史话》总目录

系列名	序 号	书 名	作 者
物质文明系列（10种）	1	农业科技史话	李根蟠
	2	水利史话	郭松义
	3	蚕桑丝绸史话	刘克祥
	4	棉麻纺织史话	刘克祥
	5	火器史话	王育成
	6	造纸史话	张大伟　曹江红
	7	印刷史话	罗仲辉
	8	矿冶史话	唐际根
	9	医学史话	朱建平　黄　健
	10	计量史话	关增建
物化历史系列（28种）	11	长江史话	卫家雄　华林甫
	12	黄河史话	辛德勇
	13	运河史话	付崇兰
	14	长城史话	叶小燕
	15	城市史话	付崇兰
	16	七大古都史话	李遇春　陈良伟
	17	民居建筑史话	白云翔
	18	宫殿建筑史话	杨鸿勋
	19	故宫史话	姜舜源
	20	园林史话	杨鸿勋
	21	圆明园史话	吴伯娅
	22	石窟寺史话	常　青
	23	古塔史话	刘祚臣
	24	寺观史话	陈可畏
	25	陵寝史话	刘庆柱　李毓芳
	26	敦煌史话	杨宝玉
	27	孔庙史话	曲英杰
	28	甲骨文史话	张利军
	29	金文史话	杜　勇　周宝宏

系列名	序号	书名	作者
物化历史系列（28种）	30	石器史话	李宗山
	31	石刻史话	赵　超
	32	古玉史话	卢兆荫
	33	青铜器史话	曹淑琴　殷玮璋
	34	简牍史话	王子今　赵宠亮
	35	陶瓷史话	谢端琚　马文宽
	36	玻璃器史话	安家瑶
	37	家具史话	李宗山
	38	文房四宝史话	李雪梅　安久亮
	39	中国早期国家史话	王　和
制度、名物与史事沿革系列（20种）	40	中华民族史话	陈琳国　陈　群
	41	官制史话	谢保成
	42	宰相史话	刘晖春
	43	监察史话	王　正
	44	科举史话	李尚英
	45	状元史话	宋元强
	46	学校史话	樊克政
	47	书院史话	樊克政
	48	赋役制度史话	徐东升
	49	军制史话	刘昭祥　王晓卫
	50	兵器史话	杨　毅　杨　泓
	51	名战史话	黄朴民
	52	屯田史话	张印栋
	53	商业史话	吴　慧
	54	货币史话	刘精诚　李祖德
	55	宫廷政治史话	任士英
	56	变法史话	王子今
	57	和亲史话	宋　超
	58	海疆开发史话	安　京

系列名	序号	书名	作者
交通与交流系列（13种）	59	丝绸之路史话	孟凡人
	60	海上丝路史话	杜　瑜
	61	漕运史话	江太新　苏金玉
	62	驿道史话	王子今
	63	旅行史话	黄石林
	64	航海史话	王　杰　李宝民　王　莉
	65	交通工具史话	郑若葵
	66	中西交流史话	张国刚
	67	满汉文化交流史话	定宜庄
	68	汉藏文化交流史话	刘　忠
	69	蒙藏文化交流史话	丁守璞　杨恩洪
	70	中日文化交流史话	冯佐哲
	71	中国阿拉伯文化交流史话	宋　岘
思想学术系列（21种）	72	文明起源史话	杜金鹏　焦天龙
	73	汉字史话	郭小武
	74	天文学史话	冯　时
	75	地理学史话	杜　瑜
	76	儒家史话	孙开泰
	77	法家史话	孙开泰
	78	兵家史话	王晓卫
	79	玄学史话	张齐明
	80	道教史话	王　卡
	81	佛教史话	魏道儒
	82	中国基督教史话	王美秀
	83	民间信仰史话	侯　杰
	84	训诂学史话	周信炎
	85	帛书史话	陈松长
	86	四书五经史话	黄鸿春

系列名	序号	书名	作者
思想学术系列（21种）	87	史学史话	谢保成
	88	哲学史话	谷　方
	89	方志史话	卫家雄
	90	考古学史话	朱乃诚
	91	物理学史话	王　冰
	92	地图史话	朱玲玲
文学艺术系列（8种）	93	书法史话	朱守道
	94	绘画史话	李福顺
	95	诗歌史话	陶文鹏
	96	散文史话	郑永晓
	97	音韵史话	张惠英
	98	戏曲史话	王卫民
	99	小说史话	周中明　吴家荣
	100	杂技史话	崔乐泉
社会风俗系列（13种）	101	宗族史话	冯尔康　阎爱民
	102	家庭史话	张国刚
	103	婚姻史话	张　涛　项永琴
	104	礼俗史话	王贵民
	105	节俗史话	韩养民　郭兴文
	106	饮食史话	王仁湘
	107	饮茶史话	王仁湘　杨焕新
	108	饮酒史话	袁立泽
	109	服饰史话	赵连赏
	110	体育史话	崔乐泉
	111	养生史话	罗时铭
	112	收藏史话	李雪梅
	113	丧葬史话	张捷夫

系列名	序号	书名	作者
近代政治史系列（28种）	114	鸦片战争史话	朱谐汉
	115	太平天国史话	张远鹏
	116	洋务运动史话	丁贤俊
	117	甲午战争史话	寇　伟
	118	戊戌维新运动史话	刘悦斌
	119	义和团史话	卞修跃
	120	辛亥革命史话	张海鹏　邓红洲
	121	五四运动史话	常丕军
	122	北洋政府史话	潘　荣　魏又行
	123	国民政府史话	郑则民
	124	十年内战史话	贾　维
	125	中华苏维埃史话	杨丽琼　刘　强
	126	西安事变史话	李义彬
	127	抗日战争史话	荣维木
	128	陕甘宁边区政府史话	刘东社　刘全娥
	129	解放战争史话	朱宗震　汪朝光
	130	革命根据地史话	马洪武　王明生
	131	中国人民解放军史话	荣维木
	132	宪政史话	徐辉琪　付建成
	133	工人运动史话	唐玉良　高爱娣
	134	农民运动史话	方之光　龚　云
	135	青年运动史话	郭贵儒
	136	妇女运动史话	刘　红　刘光永
	137	土地改革史话	董志凯　陈廷煊
	138	买办史话	潘君祥　顾柏荣
	139	四大家族史话	江绍贞
	140	汪伪政权史话	闻少华
	141	伪满洲国史话	齐福霖

系列名	序号	书名	作者
近代经济生活系列（17种）	142	人口史话	姜　涛
	143	禁烟史话	王宏斌
	144	海关史话	陈霞飞　蔡渭洲
	145	铁路史话	龚　云
	146	矿业史话	纪　辛
	147	航运史话	张后铨
	148	邮政史话	修晓波
	149	金融史话	陈争平
	150	通货膨胀史话	郑起东
	151	外债史话	陈争平
	152	商会史话	虞和平
	153	农业改进史话	章　楷
	154	民族工业发展史话	徐建生
	155	灾荒史话	刘仰东　夏明方
	156	流民史话	池子华
	157	秘密社会史话	刘才赋
	158	旗人史话	刘小萌
近代中外关系系列（13种）	159	西洋器物传入中国史话	隋元芬
	160	中外不平等条约史话	李育民
	161	开埠史话	杜　语
	162	教案史话	夏春涛
	163	中英关系史话	孙　庆
	164	中法关系史话	葛夫平
	165	中德关系史话	杜继东
	166	中日关系史话	王建朗
	167	中美关系史话	陶文钊
	168	中俄关系史话	薛衔天
	169	中苏关系史话	黄纪莲
	170	华侨史话	陈　民　任贵祥
	171	华工史话	董丛林

系列名	序号	书名	作者
近代精神文化系列（18种）	172	政治思想史话	朱志敏
	173	伦理道德史话	马　勇
	174	启蒙思潮史话	彭平一
	175	三民主义史话	贺　渊
	176	社会主义思潮史话	张　武　张艳国　喻承久
	177	无政府主义思潮史话	汤庭芬
	178	教育史话	朱从兵
	179	大学史话	金以林
	180	留学史话	刘志强　张学继
	181	法制史话	李　力
	182	报刊史话	李仲明
	183	出版史话	刘俐娜
	184	科学技术史话	姜　超
	185	翻译史话	王晓丹
	186	美术史话	龚产兴
	187	音乐史话	梁茂春
	188	电影史话	孙立峰
	189	话剧史话	梁淑安
近代区域文化系列（11种）	190	北京史话	果鸿孝
	191	上海史话	马学强　宋钻友
	192	天津史话	罗澍伟
	193	广州史话	张　苹　张　磊
	194	武汉史话	皮明庥　郑自来
	195	重庆史话	隗瀛涛　沈松平
	196	新疆史话	王建民
	197	西藏史话	徐志民
	198	香港史话	刘蜀永
	199	澳门史话	邓开颂　陆晓敏　杨仁飞
	200	台湾史话	程朝云

《中国史话》主要编辑出版发行人

总 策 划 谢寿光 王 正

执行策划 杨 群 徐思彦 宋月华 梁艳玲 刘晖春 张国春

统　　筹 黄 丹 宋淑洁

设计总监 孙元明

市场推广 蔡继辉 刘德顺 李丽丽

责任印制 岳 阳